Guillermo Hernández

MEMORIAS DE UN JOVEN QUE NACIÓ EN ENERO

Edición de
Matías Montes-Huidobro
y
Yara González-Montes

Serie Testimonios
Editorial Persona
1991

Copyright by Guillermo Hernández
Diseño de la portada: Yara González-Montes
Library of Congress Catalog Card Number: 89-80699
ISBN: 0-945791-09-7

Publisher:

Editorial Persona
Serie Testimonios
P.O. Box 25653
Honolulu, Hawaii USA 96825

Guillermo:

Dedicamos nuestro mejor esfuerzo para que por siempre perduren tus memorias y sirvan de inspiración a juventudes venideras.

Tus padres y tus hermanos

PATROCINADORES

Familiares de Guillermo Hernández
Casa de la Cultura Cubana
Matías y Yara Montes
Néstor Almendros
Reinaldo Arenas
Haydee A. Ceballos
Panamericana Health Care

AMIGOS

Familia Argüelles
Uva Clavijo
Miguel Correa
Ana L. Cotera
Félix J. Curbelo
Miriam Chinea
Amelia del Castillo
Leonel A. de la Cuesta
Manolo de la Portilla
José Escarpanter
Himilce Esteve
Arístides Falcón
Eugenio Florit
Ileana Fuentes-Pérez
Elena Galdo

Leopoldo y Josefina Hernández
Gilberto Hernández
   y Gladys León-Hernández
Julio N. Jiménez
Luis Martínez
Félix Moure
Rolando D. H. Morelli
Francisco Porrata
Juan Manuel Salvat
Benildes R. Sánchez
Reinaldo Sánchez
Federico Rodríguez del Portillo
   y Sofia Núñez de Rodríguez
Orlando y Lesbia Varona
Rosa L. Whithmarsh

The Latin Quarter Cultural Center of Miami

CONTRIBUYENTES

Rosa M. Abella
Antonio y Aida Benítez
Jesús J. Barquet
Irene Quiñones

Félix Rizo
Gemma Roberts
Alejandro Varderi
Caridad Ysern

Amigos y contribuyentes anónimos

This edition has been made possible by the persons and organizations mentioned above. All revenues from this edition will be donated to the GUILLERMO HERNANDEZ FOUNDATION.

REALIDAD MÍTICA DE GUILLERMO HERNÁNDEZ

por Matías Montes-Huidobro

MEMORIAS DE UN JOVEN QUE NACIÓ EN ENERO recoge una serie de trabajos de Guillermo Hernández, joven escritor cubano que nació en Santa Clara en 1959 y murió en Miami en 1988. La importancia de este libro radica, no sólo en el valor intrínseco de los textos de Hernández, sino en el carácter de testimonio histórico-literario que tienen los mismos. Su significado es tal que hay que ver a Guillermo a través de sus textos, como personaje que se va creando a sí mismo a través de una trayectoria histórica que, por otra parte, ejerce la más brutal de las presiones hasta imponer el acoso e intentar el aniquilamiento. Pero a esta brutal circunstancia, que comprende historia y geografía, se opone el ser de carne y hueso, minúsculo, sitiado, como si fuera poco, por una realidad fisiológica que mina su organismo y que, de modo tan inexorable como la historia, más todavía, lo lleva a la muerte a los veintinueve años. Esta oposición vitalista del espíritu de Guillermo es el factor que determina su sobrevivencia, que para nosotros no es otra que una trayectoria de la realidad a la mítica. Hay en su vida un gesto de honda de David, que es clave de su sobrevivida, en medio de una apariencia en que tenemos (y el cambio a la primera persona gramatical es intencional) todas las de perder, pero que gracias a hombres como él tendremos las de ganar.

La reorganización, recopilación y en muchos casos copia de los textos que dejó escritos a mano, y que necesariamente tuvieron que pasarse a máquina para su ulterior publicación, me hicieron confirmar esa sobrevivencia de lo inmediato a lo último. En primer término, ha sido una vivencia única que me ha permitido una convivencia con Guillermo más allá de la muerte. Esto es un privilegio de la escritura, que da al texto con el que se vive y se convive, una recreación, un renacimiento. De ahí que la desolación de algunos de mis propios momentos vitales, se supera en estos encuentros que trascienden a la muerte y que triunfan sobre ella, imponiéndose esa galaxia por la que Guillermo debe estar flotando.

Recopilar, ordenar, copiar y recopiar sus textos, es un acto de novelización, de convivencia, con un ser vuelto personaje, que trasciende así su materia y se convierte, en la muerte, carne viva, inspiración pura. De la ternura a la angustia, va su figura, documento de nuestro tiempo: uno de los documentos (como diría Unamuno) más significativos de la historia cubana contemporánea. Este detalle se le escapa tal vez a la tiranía que construye su dolor, que nutre sombriamente la cuna de este joven cubano que nació en enero de 1959, y que es expulsado del útero que lo nutría cuando el funesto *abortólogo* de la historia nacional produce una de sus sangrías. Quizás por todo esto tuvo que morir, incapaz de resistir el brutal corte uteral. Pero de todo ese dolor, de todo ese proceso de descomposición histórica en el que tiene que vivir su circunstancia, sobre la cual se eleva, emerge un espíritu que sobrevive espiritualmente su destierro del infierno histórico y el paraíso mítico: Cuba.

CALEIDOSCOPIO PERSONAL E HISTORICO

Comprende esta edición, en primer término, lo que podríamos llamar el caleidoscopio personal de Hernández, en el que su figura se proyecta repetidamente, con variantes casi sinfónicas, orquestando su yo dentro de la historia.

Por otra parte, la circunstancia histórica va tendiendo su red, apresando al individuo a medida que su yo se desarrolla, crece, funcionando siempre por oposición, tratando de asfixiarlo, mientras lucha desesperadamente por la sobrevivencia. Esta composición es lo que da dramaticidad al texto, vuelto carne viva.

Hay que considerar, ya en términos más precisos, que la historia personal y colectiva le dan a Guillermo un carácter casi de ficción. La historia es tan precisa, que parece irreal. Guillermo nace en enero de 1959, con el triunfo del castrismo. Es de origen humilde. Sus padres son campesinos cubanos. Se educa en el campo, pasando después a ser un pionero, un niño modelo dentro de la estructura marxista-leninista del régimen cubano. Estudia en la Escuela Vocacional ''Lenín'', donde toma cursos de marxismo, y después en la Universidad de la Habana. Es decir, toda una serie de factores están presentes para convertirlo en un modelo de joven revolucionario y un producto neto del régimen que se instaura en Cuba en 1959. En cierta medida lo es, porque al polo de la opresión que lo quiere moldear a su modo y manera, se opone la criatura que se crece en su afán de liberación. Y esto no ocurre bajo la influencia perniciosa de un régimen previo, de una burguesía que ha cargado siempre con las culpas, sino que Guillermo es acunado por el demonio paternal de la revolución. Cabe preguntarse cuántos Guillermos hay detrás de los miles de niños y jóvenes cubanos que exponen ante las cámaras, como muestras ganaderas, los organismos represivos de la revolución castrista.

Esta trayectoria va a culminar en uno de los textos más desoladores de Guillermo: "Sobre la fe y mis dudas". Este ensayo es un documento de la desolación y de la angustia, y una muestra de la lucha individual por la sobrevivencia en medio de la imposición colectiva. No hay en él ningún descubrimiento filosófico; se trata de una auténtica exposición de la angustia. De ahí que la prosa adquiera niveles inconexos, que es lo que acrecienta su valor como documento personal. Se trata de un monólogo interior que se dispersa en la conciencia. Debe leerse teniendo en cuenta como los acontecimientos previos de opresión y represión estatal, llevan a un desencadenamiento interno de una crisis de la fe que va de la duda al convencimiento. Nos encontramos frente a un acto confesional a consecuencia de la tortura, expresado en períodos largos asaltados por imágenes inesperadas, que forman una secuencia de carácter oral más que escrito. De ahí que hacia el final el texto se vuelva lamento y oración, cargado de mayúsculas, algunas de ellas inclusive convencionales, pero que tienen el valor de la autenticidad que produce la angustia. Debe leerse todo esto como una exposición de la tortura sicológica de veinte años en Cuba.

GUILLERMO HERNANDEZ Y LA CASA DE LA CULTURA CUBANA

No obstante todo esto, la activa vitalidad de Hernández como criatura consciente de su función histórica, no debe pasarse por alto. Culminará con su participación ante la Comisión de los Derechos Humanos en Ginebra en 1988. Por otra parte, como primer presidente y fundador de la Casa de la Cultura Cubana en Miami, desarrollará una intensa actividad cultural, a la que dedica su tiempo y su esfuerzo, inclusive poco antes de morir, donde muy enfermo, contribuyó con su entusiasmo al Seminario de Teatro que organizó la Casa de la Cultura Cubana, la Universidad de Miami y Editorial Persona durante el verano de 1988. El propio Hernández define mejor que nadie lo que es la Casa de la Cultura Cubana:

> La Casa de la Cultura Cubana es una organización de jóvenes cubanos interesados en divulgar y propagar la cultura cubana alrededor del mundo, presentando de manera amplia, la imagen verdadera, sin distorsiones, de la historia y la cultura nacional

frente a la vision distorsionada que promueve en el exterior el régimen comunista de Cuba.

La idea de crear la Casa de la Cultura Cubana surge un día que, encontrándome en Nueva York frente a la Estatua del Apóstol de nuestra independencia, José Martí, me quedé pensando en la necesidad que teníamos los jóvenes cubanos de darnos a nosotros mismos una organización que fuera vehículo para hacer una búsqueda honesta y sincera de nuestras raíces culturales, para decir en las universidades norteamericanas, en América Latina y en Europa, la verdad sobre Cuba, y para que nuestros creadores y artistas en el exilio tengan un medio y una tribuna donde expresar sus ideas y dar a conocer su arte. En la Casa realizamos peñas culturales, visitas a centros históricos que tienen que ver directamente con la historia y la cultura de Cuba, como Tampa y Cayo Hueso, y ofrecemos seminarios sobre diferentes aspectos del arte y la cultura cubana.

Y agrega:

Quiero seguir desarrollando las actividades de la Casa de la Cultura Cubana para que se siga abriendo paso a la verdad con la que triunfaremos y poder decir un día que no son bellas las playas del destierro hasta que se les dice ADIOS.

En su función de presidente y fundador de esta institución, se dedica incansablemente a desarrollar actividades culturales con una visión globalizadora de los componentes literarios, históricos, sociales y políticos que configuran la cultura. Es decir, proyectar la cultura dentro de una estructura vital, real, que no puede escapar a la historia cubana inmediata. El y su familia abren las puertas de su casa a todos aquéllos que se integran a este objetivo, borrando barreras generacionales y funcionando con un concepto unitivo, constructivo y gregario. Personalmente, el carácter carismático de Hernández se proyecta a través de la radio y la televisión, haciendo un llamamiento comunal a favor de la cultura. La validez de estos hechos se acrecienta si tenemos en cuenta que Hernández ya estaba enfermo, consciente tal vez, o seguramente, de la fatalidad de su circunstancia.

EL PRINCIPIO DE LA CONTINUIDAD

La historia funciona por un sistema de paradojas increíbles. Cuando tiene lugar el éxodo de la generación del Mariel, está en plena madurez un ciclo cultural y literario que se inicia en los años sesenta con un primer éxodo que empieza a nutrir la literatura cubana en el exilio. Pero ya en los años ochenta va apareciendo una nueva generación de escritores bilingües, cubano-americanos, que representan una nueva corriente y una diferente aproximación al lenguaje. Todo hubiera seguido esta dirección, si Fidel Castro, gracias a sus actividades de opresión, represión y expulsión, no estuviera constantemente enriqueciendo la literatura cubana del exilio con nuevos aportes. Gracias a él, el ciclo literario que pudo cerrarse en este siglo, queda ya abierto en el siglo XXI con la llegada de nuevas generaciones de cubanos, escritores muchos de ellos, que seguirán escribiendo, posiblemente en español, hasta ya entrado el siglo venidero. De ahí que frente a una generación bilingüe de cubano-americanos, se desarrolla otra de cubanos (no cubano-americana) en el exilio, que sigue escribiendo y produciendo con normas de lenguaje de la tierra nativa, asegurando, de entrada, medio siglo de literatura cubana en el exilio.

Ese "tiro por la culata" del castrismo, constituye el máximo aporte de la Generación del Mariel, a la que Hernández pertenece. Con él como símbolo, se vivifican los conceptos patrios y martianos que eran el sostén ideológico de la primera generación de exiliados y escritores cubanos. De ahí que, inclusive considerando las divergencias que representan veinte años de marxismo-leninismo, hay puntos de vista comunes entre la primera generación de exiliados y esta nueva ola de "pinos nuevos". Al contrario del espíritu de oposición y negación que a veces se hace palpable, lamentablemente, entre una generación y la otra, como si un sufrimiento y un exilio excluyera las agonías del otro, en uno de los ensayos de Hernández, "Continuidad/discontinuidad dentro de la literatura hispánica en los Estados Unidos", hay un reconocimiento de los nexos generacionales, donde una serie de temas representan una coincidencia que unifica la cultura dentro de la natural diversidad creada por el tiempo y el espacio.

Todo esto responde a principios unificantes del pensamiento martiano, que es el cordón umbilical que nos une a todos y contra el cual poco pueden hacer nuestros siniestros *abortólogos*. De ahí también su importancia, como nexo generacional, que pone de relieve las mayores virtudes ideológicas de su generación; significado adicional de este propósito editorial con conciencia global, colectiva, cuyo punto focal es Guillermo como nexo entre unos y otros. Además, esa intuición del todo que está presente en Guillermo

Hernández, se pone de manifiesto en su análisis del "caso puertorriqueño", muy breve pero muy bien pensado y que lamentablemente no pudo ampliar. Porque como cubano, se veía y nos veía a todos dentro de un contexto total de una hispanidad, de un temperamento, que es un modo de ver el mundo —para bien o para mal de visionarios. Este concepto global de continuidad generacional, de continuidad histórica y de hermandad por razón de origen, de carácter, de costumbres, todo muy martiano, hacen de él otro documento y testimonio de la realidad cubana que nos ha tocado vivir.

Queda también por apuntar el parto hacia la libertad, que siendo una expulsión del infierno tiene la casi incomprensible ambigüedad de expulsión del paraíso, el gran castigo conque andamos a cuestas. De ahí que, si bien se reconoce la generosidad y la tradición democrática del país que nos recibe (como apunta Guillermo) al mismo tiempo sentimos la imposibilidad de una absoluta comunión y presentimos un residuo de rechazo. El parto hacia la libertad se vuelve desgarramiento, y en una medida diferente, unos más y otros menos, la línea de continuidad está en este desgarramiento, que es otra clave adicional de la vida y muerte de Guillermo Hernández.

LA VERTIENTE UNIVERSITARIA

En la fecha de su muerte, Guillermo era estudiante de la Universidad Internacional de La Florida, donde realizaba estudios para obtener la licenciatura de Estudios Hispánicos. Escribió sobre Martí, Virgilio Piñera, Miguel Correa, Ciro Alegría, Jorge Luis Borges y otros autores, realizando investigaciones diversas, entre ellas, sobre la medicina tradicional en Cuba y La Giraldilla. Por razones de espacio, nos vemos precisados a limitar el número de estos ensayos.

HISTORIA Y SEXUALIDAD

La estricta disciplina académica no limitó nunca un cauce vital que más que investigativo era creador de fuerzas, inclusive en los momentos en que estas pudieran quedar destrozadas por el caos. En este sentido, su trabajo sobre *Al norte del infierno* borra ya las fronteras entre crítica literaria y experiencia vital, acercándose al caos de conflictos históricos entrelazados con apetencias y problemas, represiones y liberaciones, logros y frustraciones de la sexualidad.

"El homosexualismo como vía de escape en la novela *Al norte del infier-*

no de Miguel Correa'', que escribe para un seminario que toma en la Universidad Internacional de la Florida, y que clasifica como "un análisis del respeto a la dignidad humana visto a través de una novela cubana escrita en el exilio", es un documento medular para comprender, no sólo el estado anímico de Hernández, sino también aspectos fundamentales de la problemática cubana. Aunque la homosexualidad, como es lógico, no es un hecho que se inicia en Cuba con el castrismo, la abierta represión al homosexual y la conciencia político-colectiva que se forma en torno a la homosexualidad, sí es un hecho que emerge a raíz del triunfo revolucionario, y que se remonta muy al principio de la misma, a partir de los primeros actos de represión que llevaron al breve pero significativo encarcelamiento del dramaturgo cubano Virgilio Piñera. Para percatarse de la dimensión traumatizante, histórico-política de la cuestión, y su magnitud más allá de la sicología individual hasta formar parte de la siquis colectiva, la lectura del ensayo de Hernández es esencial. El análisis de *Al norte del infierno* es mucho más que un trabajo de tipo universitario (que en este sentido tiene las limitaciones propias de los objetivos prácticos del mismo), para enriquecerse con la dimensión profunda de un joven escritor que ha vivido de cerca los planteamientos que el texto novelesco y el crítico exponen.

Por otra parte, la fluidez de palabra de Hernández hace que su ensayo sea con frecuencia oral, con períodos largos que se encadenan en la mejor tradición hispánica y énfasis que se buscan en subrayados y mayúsculas, pero que en gran parte se pierden en la escritura. Es por ese motivo, que algunos arreglos de estilo se han vuelto inevitables para darle claridad a la prosa y a un trabajo realizado con la natural espontaneidad que le caracterizaba, aunque en ningún momento hay alteración básica al texto y en absoluto al contenido. De hecho, hemos mantenido cambios del uso pronominal de la forma *le* y la forma *te*, que aparecen en cursiva, y que en algún punto pensamos alterar en función de una mayor precisión léxica. El cambio, sin embargo, demuestra la apasionada inmersión de su autor en el tema, y el hondo significado que tenía, pasando de un nivel a otro de la escritura. La textura trágica del trabajo avanza gradualmente de la tesis que sustenta sobre las relaciones histórico-políticas de la homosexualidad en la Cuba contemporánea, hasta un planteamiento que se vive. De ahí que a partir de su aproximación a la trilogía Fidel-Almeida-Raúl, bajo el manto mítico de Vilma Espín, la estricta aproximación ensayística se pierde, para convertirse, de hecho, en desbordamiento casi lírico, (que aparece encuadrado en el texto que reproducimos), terminando el mismo con un poema formado por el acróstico AIDS. La conciencia trágica de este ensayo y las múltiples perspectivas que sugiere, producen en el lector una violenta sacudida.

LA OTRA ORILLA

Pero quizás sea su estudio, "Cuba, La Habana y la Giraldilla", el más sólido y cuidadoso desde el punto de vista investigativo, y el que proyecta una imágen menos desolada del joven cubano, que con candidez y con ternura, busca en el símbolo de La Giraldilla la expresión que lo unía, más allá del mar, con un territorio que amaba tanto y que se crecía en la distancia. Está unido este ensayo, además, a sus tareas de fundador y presidente de la Casa de la Cultura Cubana, a su concepción activa, constructiva, de la cultura. Del caos y el desamparo, emerge La Giraldilla de Hernández, como guía espiritual que nunca se irá del todo.

BARQUITO DE PAPEL

Como dramaturgo, deja Hernández pendiente un proyecto muy ambicioso, que pensaba titular BARQUITO DE PAPEL, del que había elaborado la siguiente síntesis:

PRIMER ACTO

Primer cuadro. Febrero 24, 1980. Llegada a la casa de Albertico que viene de La Habana expulsado de la universidad.
Segundo cuadro. Un día cualquiera del mes de marzo de 1980, veinte días después.
Tercer cuadro. 4 de abril de 1980, Domingo de Resurrección, en la sala de la casa. Dos de la tarde.
Cuarto cuadro. 15 de abril de 1980. Dos de la madrugada, en el comedor.

SEGUNDO ACTO

Primer cuadro. En la sala de la casa a las siete de la noche. Comienza el primer acto de repudio.
Segundo cuadro. A la noche siguiente, el segundo acto de repudio.
Tercer cuadro. Acto de repudio por entre el público. Una masa de personas atacan física y verbalmente a Alberto, Albertico y Juan Carlos.
Cuarto cuadro. En la casa se produce la salida de los cuatro personajes principales, lanzados como escoria.

Quinto cuadro. Despedida de los padres y Juan Carlos de Albertico, fuera de la casa —entre el público.

TERCER ACTO

Primer cuadro. Dos horas después de la salida de Albertico.
Segundo cuadro. Diez días después, en el comedor.
Tercer cuadro. En la sala. Despedida de Juan Carlos, cinco días después.
Cuarto cuadro. Treinta días después. Carmen y Juan Carlos en los sillones de la sala. Reciben cartas.
Quinto cuadro. Un año después. Visita de los miembros de la Seguridad, tres de la tarde.
Sexto cuadro. Diez minutos después de irse éstos, en los sillones de la sala.

La nómina de personajes incluía a Carmen (la madre), Alberto (el padre), Albertico (el hijo), Juan Carlos (el hijo menor), María (la vecina), Charo (hermana de Alberto, tía de los muchachos), Isabel (la prima), Miguel (el organizador del acto de repudio), un policía, dos miembros de la Seguridad del Estado, Pedro Martínez (teniente de la Seguridad del Estado), Juan Tomás (amigo de Juan Carlos), un grupo de personas que hacen el acto de repudio.

Como puede verse, BARQUITO DE PAPEL no es más que la reconstrucción desde la perspectiva teatral, de una misma experiencia, recreada, obsesivamente, a diferentes niveles literarios. El "yo soy Guillermo Hernández", visto una y otra vez dentro de diversos ángulos, busca ahora uno de lenguaje más directo, para llevarnos a un enfrentamiento similar. Es como si el creador recreara el mismo conflicto, desde nuevas perspectivas, buscando en la ficción los múltiples matices de la realidad, como el pintor impresionista acostumbraba hacer con las variaciones de la luz.

De este proyecto solamente terminó el primer cuadro, que presentamos a los lectores con la independencia de una pieza en un acto, ya que, aunque las proyecciones son mayores, este primer cuadro puede sostenerse dramaticamente como una pieza independiente, con lo cual sugerimos la posibilidad de su representación, que esperamos se haga realidad y adquiera carta de permanencia en el teatro cubano. La secuencia dramática está escrita sin ninguna retórica teatral, en la tradición del teatro realista cubano, con la habilidad de un dramaturgo que considera que la vida misma está cargada de tal teatralidad que todo artificio resulta superfluo. Esto permite que la pieza (que preferimos verla así y no como parte de un todo más complejo) logre sostenerse gracias a la realidad que transcribe.

Un fragmento previo de este primer cuadro, superado por el texto que publicamos, queda entre los papeles de Hernández como expresión de su interés en la dramaturgia, así como otro muy breve (una escena apenas) de otra pieza, RECOGE QUE NOS MUDAMOS, que responde a la línea del costumbrismo "a lo calle ocho", pero que frente a EL BARQUITO DE PAPEL y a la trayectoria de Guillermo Hernández no es más que mero anticlímax.

> ROSA.—(*Sirviendo la comida*). ¿Quieres más sopa, Monguito?
> MONGUITO.—No, mam. I don't want more soup. (*Mirando al padre con temor a un regaño, pero con tono grosero*). You know I don't like soup.
> MONGO.—Oye, mira a ver si respetas a tu madre.
> MONGUITO.—Yo no le he hecho nada a mi madre. What is your problem?
> MONGO.—Mira, para empezar me hablas en español, OK? En esta casa cuando yo esté comiendo en esta mesa se habla español, OK?
> ROSA.—Ya, Mongo, deja al muchacho. Total, eso no es nada.
> MONGO.—Ah, conque deja al muchacho, ¡deja al muchacho! ¡Chica, mira que tú eres guanaja!

Y, por otra parte:

> ROSA.—Y cambiando de tema... Rosita, niña, ¿tú piensas seguir así esa dieta espantosa de dejar de comer? ¡Niña, nadie se va a fijar en ti! ¡Te vas a convertir en una tabla! ¡Ay, estas costumbres americanas, yo no las entenderé nunca! ¡Skin and bones! ¡Skin and bones! Todos quisieran ser hueso y pellejo. En mi tiempo la que no tenía el carro de la carne, se quedaba pa' vestir santos.
> ROSITA.—Lo que tú no entiendes es que para estar alimentado no es necesario darse esa hartera que se da papi...

En este momento Mongo se lleva a la boca unos tostones y come opíparamente. Rebuzna. Se abre el botón del pantalón.

> MONGO.—Sí, claro, pero como la niña no tiene que trabajar como yo, porque todo lo tiene resuelto y estudia en un colegio privado porque su padre se lo paga, por eso puede hablar así.

Monguito asiente con gesto característico de hermano que vive fajándose con la hermana.

MONGUITO.—Papá tiene toda la razón. (*Y se ríe*). Vieja, más tostones, please.

Rosa, que estaba comiéndose su bocado practicamente entre sentada y de pié, se queda con el tostón en la boca. Rosita le pide agua en ese momento a Mongo, que ya está terminando.

MONGO.—Vieja, me alcanzas el dulce...

Suena el teléfono. Rosa lo contesta como puede.

ROSA.—Sí, de Cuba... Sí, sí, de Cuba a pagar aquí... (*Mirándolos a todos*). Que sí, acepto. Sí, claro que acepto. Sí, sí, sí...(*Pausa*). ¡Vieja! ¡Vieja! ¡Vieja! (*Grita*). ¡No se oye nada! ¡La comunicación está malísima!

En eso se le cae la jarra, que le cae en un pie a Monguito y, accionando, le tira el dulce en la camisa a Mongo.

ROSA.—Vieja, háblame alto, que no se oye nada.

¿"Comic relief"? Es posible, porque al empeñarnos en trazar la trayectoria trágica de Guillermo, olvidamos su sentido del humor, que también tuvo. De este modo, quizás no sea un anticlímax esta manifestación humorística de un RECOGE QUE NOS MUDAMOS que nunca llegó a ser. Queda latente el costumbrista que no fue. ¿"Comic relief", realmente? ¿O es que acaso esa grosería que bordea lo sórdido y que traspasa la mala educación, no era también para Guillermo otro matiz de una tragedia nacional en un mundo contra el cual su sensibilidad también chocaba, a pesar de todos los matices de su cordialidad? ¿Choque cultural? ¿Tragedia nacional? ¿Incomunicación? ¿Espacio? El cordón umbilical del hilo telefónico con la abuela que está en la otra orilla, es para mí, aficionado a la tragedia, una transparencia de la angustia.

UNA VOZ QUE SIEMPRE SE SEGUIRA OYENDO

De José Martí que nació en enero a Carlos Manuel de Céspedes que inicia en Yara, el 10 de octubre de 1868, nuestra primera gesta emancipadora, la cronología de Guillermo Hernández, enmarcada en una diáspora trágica del siglo XX cubano, supera los límites de la ficción con claves que su vida tomó e imprimió a la realidad. De ahí que, como observó Mirta Ojitos en un trabajo que apareció en El Nuevo Herald el 5 de noviembre de 1988, "resulta casi apropiado que Guillermo Hernández —si había de morir—, muriese un 10 de octubre. La falla estuvo en el año: 1988. Demasiado temprano le llegó la muerte. Mucho quedó por hacer, muchos caminos por andar, muchas batallas por librar." Hecho irreparable en su naturaleza fisiológica, esas obras por realizar, esos recorridos pendientes y esas victorias del esfuerzo, el tiempo y la verdad histórica, que acabará por imponerse, convierten a Guillermo en una realidad mítica que trasciende el espacio y el tiempo. Creador de sí mismo, forjándose en su amor a Cuba, cristiano universal, Guillermo es una voz que siempre se seguirá oyendo.

GUILLERMO HERNANDEZ O LA DIGNIDAD INTELECTUAL

por Reinaldo Arenas

La muerte de un amigo es una tragedia que nos transporta a planos de desolación infinita y desesperada. Infinita, porque nada podemos hacer para recuperar al ser querido; desesperada, porque ante su desaparición quedamos desarmados, impotentes, ciegos ante el enigma abrupto que de golpe suprime alguna parte de nosotros mismos, la más noble, la más querida. La que no poseíamos y nuestro amigo, con su generosidad, nos brindaba. Por eso, los griegos armoniosos, cuya sabiduría no ha podido ser superada, resumían la pérdida de su ser querido con la expresión "Ay de mí." Porque en definitiva no es por el muerto por quien lloramos, sino por nosotros mismos.

Porque un verdadero amigo es aquél que reparte lo mejor de sí mismo, incluyendo su propia vida, para que los otros puedan protegerse del desamparo de estar vivos y encuentren en su palabra, y en su cariño, una misteriosa orientación capaz de levantarnos y agruparnos en los momentos de mayor abatimiento.

EL DON DE AGRUPAR

Guillermo Hernández tenía ese don de agrupar a través del amor y la sinceridad. Sensibilidad y acción, sentimiento y coraje son algunas de sus muchas cualidades. Indoblegable, con una gran capacidad de organización y de lucha, desde antes de llegar al exilio, en la Cuba de Castro, supo mantener su dignidad y no transigir ante ninguna de las leyes represivas que el gobierno le impone allí a todo el mundo, pero muy especialmente a la juventud, que tiene que pagar muy caro ese efímero y dulce privilegio.

Disidente en Cuba, expulsado de la universidad, parametrado políticamente por el régimen, Guillermo Hernández llegó al exilio y no cesó ni un instante de batallar por la libertad de su pueblo. Su raíz, intrínsecamente martiana, le hacía ver el exilio como un lugar de tránsito y horror donde, para sobrevivir, se impone ante todo conservar nuestras tradiciones y el amor a nuestro país; a ser más cubanos aún que dentro de la misma Cuba; pues allá lo cubano forma nuestro ambiente, está en el aire que se respira, en tanto que aquí tenemos que llevarlo (mitificarlo y agrandarlo) dentro de nuestro corazón. Pues fuera de nuestros recuerdos el mundo que nos rodea no sólo nos es extraño sino también en gran medida inhóspito.

En la primavera de 1987 tuve el honor de contar como alumno a Guillermo Hernández, en un curso sobre narrativa cubana que impartí en la Universidad Internacional de la Florida. Guillermo, además de estudiante destacado, era uno de los grandes animadores de la clase. Tenía una gran intuición para profundizar en los matices de lo cubano, y de manera conversacional y apasionada (siempre con un gran sentido del humor), definirlo.

Fue en aquellas clases donde Guillermo lideró la idea de crear la Casa de la Cultura Cubana. Y en pocas semanas, junto a otros amigos, entre los que hay que destacar a Francisco Porrata, la creó.

LA CUBA GENUINA

La Casa de la Cultura Cubana, que dirigía Guillermo Hernández, fue un sitio mágico donde súbitamente se rompía la barrera del tiempo y del espacio y estábamos en Cuba. No en la Cuba castrista, desde luego, que poco tiene que ver con nuestro país, sino en la Cuba genuina, la que amparan nuestros más geniales artistas y lo mejor de nuestro pueblo. En la Casa de la Cultura Cubana pudimos compartir con destacados pintores, músicos, actores y escritores; todo en son de tertulia, de diálogo abierto a un público que cada vez se hacía más numeroso y que encontraba en aquel sitio no el frío salón de conferencias, típico de una universidad norteamericana, sino el portal perdido de su casa en la isla. Y todo esto se lograba gracias al entusiasmo de Guillermo.

Su pasión por lo cubano, su deseo de mantener bien alta la dignidad del exilio (que es mantener viva la verdadera cubanía) no lo abandonó ni un instante. Aunque ya se sentía enfermo participó de manera contundente en el documental *Nadie escuchaba*, de Néstor Almendros y Jorge Ulla, y viajó a Ginebra, donde denunció las incesantes violaciones de los derechos humanos que se cometen en Cuba. Porque tenía una gran sensibilidad artística, Guillermo sabía que el arte verdadero no puede ser ajeno a la política. Porque todo arte es ante todo la más alta manifestación de libertad y la libertad no es un don del cielo, sino un derecho que se gana a través de la acción.

Los que no viven exiliados, los que tienen ya esa libertad (porque un hombre o muchos hombres arriesgaron sus vidas para que la disfrutaran), pueden tal vez darse a la torpeza de separar arte y política. Pero los que padecemos el destierro, precisamente por razones políticas, tendríamos que ser viles, imbéciles o suicidas para despolitizarnos... También en ese sentido — el de exaltar la honestidad política junto a nuestra mejor tradición artística — Guillermo Hernández fue un ejemplo.

Guillermo pidió ser enterrado con música cubana tocada por guitarras. De esa manera congregó y unió a su pueblo en su última e inolvidable velada. Murió a los veintiocho años. Los elegidos por los dioses mueren jóvenes. Así quedan por toda la eternidad.

TESTIMONIOS Y DOCUMENTOS

"Vivir bajo el régimen de Cuba es un buen libro — bibliografía que se debe recomendar a algunos escritores que todavía defienden lo indefendible."

"El Malecón habanero es la reja más perfecta que tiene cárcel alguna en el mundo. La luz de La Habana, con su mar, quema las entrañas de los que no pueden salir. Nunca he sentido más sensación de opresión, nada que queme tanto, que me duela tanto, como cuando he mirado el horizonte."

"El sol de Miami es radiante esta tarde de febrero cuando partimos hacia Ginebra con toda nuestra fe y las esperanzas de luchar allí por la condena internacional de Cuba, como violador sistemático de los Derechos Humanos."

Guillermo Hernández

SÍNTESIS BIOGRÁFICA

GUILLERMO PEDRO HERNÁNDEZ CUEVAS

Nací en Santa Clara, Cuba, en enero de 1959. Realicé mis primeros estudios en mi provincia natal. En 1969, comencé a estudiar en la Escuela Vocacional Vladimir Ilich "Lenin" de la ciudad de La Habana, donde realicé mis estudios de secundaria y preuniversitarios. En 1975 matriculé la carrera de Literatura Española e Hispanoamericana de la Facultad de Letras de la Universidad de La Habana, de donde me gradué en 1979. Comencé a trabajar como profesor de Literatura Española en la escuela secundaria Básica "Guido Fuentes", en La Habana, y comencé a estudiar la carrera de Derecho en la Universidad de La Habana, de donde fui expulsado en febrero de 1980, por expresar opiniones políticas contrarias al régimen comunista que gobierna en Cuba. Fuí acusado de divisionismo ideológico y de carecer del 'prestigio' que debe gozar todo 'joven revolucionario'. Expulsado de igual forma de mi centro de trabajo, fui señalado como 'elemento peligroso' bajo la Ley de Peligrosidad de los tenebrosos órganos de la Seguridad del Estado. Después de violentos actos de repudio en que fue asediada mi casa y mi familia, y golpeado salvajemente junto a mi padre y mi hermano por una turba de 200 personas durante doce kilómetros (6 millas), logré llegar a Estados Unidos en mayo de 1980 durante el éxodo de Mariel-Cayo Hueso.

En este país he realizado diferentes estudios. Terminé un Bachelor of Arts, especializándome en Literatura Española e Hispanoamericana en St. Thomas University de Miami, en donde me gradué con honores y fui nominado al National Dean's List entre 2000 estudiantes de todo el país, en 1985. Actualmente realizo mis estudios del Master en Estudios Hispánicos en la Universidad Internacional de la Florida (FIU).

He sido trabajador social del Estado de la Florida por dos años. Actualmente estoy terminando mi primer libro de poesía, que saldrá próximamente. Estoy escribiendo una obra de teatro tituladá "Barquito de Papel", un folleto de investigación histórica sobre la 'Giraldilla' del Castillo de la Fuerza titulado "Cuba, La Habana y La Giraldilla."

He escrito diferentes artículos de crítica literaria y actualmente estoy trabajando en un libro que llevará por título "Memorias de un jóven que nació en enero."

Soy fundador y Presidente de La Casa de la Cultura Cubana desde 1985 y planeo realizar estudios de doctorado al terminar mi licenciatura en Estudios Hispánicos.

INTERVENCIÓN DE GUILLERMO HERNÁNDEZ CUEVAS, DE LA UNIÓN INTERNACIONAL DE JÓVENES DEMÓCRATA-CRISTIANOS ANTE LA 44a. SESION DE LA COMISIÓN DE LOS DERECHOS HUMANOS BAJO EL TEMA 21 DE LA AGENDA "IDEOLOGÍAS TOTALITARIAS" 26 DE FEBRERO DE 1988

Gracias Sr. Presidente. Soy Guillermo Hernández, un joven que nació en enero de 1959 en Cuba, al momento del triunfo de la Revolución que había llenado de esperanzas a nuestro pueblo, en el seno de una familia muy pobre, de obreros y campesinos. Estudié en la Escuela Vocacional Lenín de La Habana y en 1980 fui expulsado de la Universidad por tener ideas diferentes a las del régimen. Posteriormente expulsado de mi país, después de que se me golpeara salvajemente por parte de los agentes de la Seguridad del Estado. Hoy estoy aquí hablando a nombre de la Unión Internacional de Jóvenes Demócrata-Cristianos, que atribuye una gran importancia al punto 21 de la Agenda de esta Comisión.

Como jóvenes que tenemos la responsabilidad de luchar por la paz y por un mundo mejor donde el amor sea la base de la sociedad no aceptamos dictaduras ni autoritarias ni totalitarias, no aceptamos la ingerencia de poderes extranjeros que decidan el futuro de nuestros pueblos sin su consentimiento, y en nombre de los que no tienen voz voy a hablar ante ustedes, sobre los abusos de las dictaduras autoritarias y totalitarias basadas en el odio, como lo son los casos de Chile y Cuba donde son constantes la denegación sistemática de los derechos humanos, el odio, el terror, la intolerancia y el exclusivismo.

La dictadura autoritaria de Pinochet en Chile, por ejemplo, viola implacablemente los derechos de la juventud, el derecho a la salud, a la educación, al trabajo, han sido pisoteados a los que se le oponen al régimen autoritario que lleva a la juventud a una espiral de violencia que será un grave problema para la región si no hay un rápido retorno a la verdadera democracia.

En las dictaduras totalitarias de ideología marxista como la que existe en

Cuba, el Estado propugna el odio a Dios que se manifiesta en la violencia contra quienes creen en Él, lo que se expresa en el ateísmo militante y se concreta a través de atrocidades y violencias, que al no ser encauzadas, terminan convirtiéndose en actos represivos. El dictador en los países totalitarios como Cuba es el único Dios, al que se le ha de rendir culto y fidelidad absoluta. Como señala una de las últimas denuncias del Comité Pro-Derechos Humanos de Cuba desde La Habana, se continúa hostigando a los miembros de la Iglesia Testigos de Jehová, los que son condenados a largas y severas penas de cárcel y en muchos casos, como el de Sergio Rodríguez Millares, de 69 años, torturados y hasta fusilados, por el simple hecho de creer en Dios. Esta religión se encuentra totalmente prohibida, y los medios de comunicación, controlados únicamente por el estado, hacen burla, denigran y vituperan de forma asidua a los creyentes religiosos.

Hoy, en los umbrales del año 2000, existe y se desarrolla el odio racial. Los hombres odian a los demás porque tienen un color de piel diferente y rechazan relaciones fraternas con ellos, no reconocen sus derechos e intentan explotarlos económicamente. Según nuestra opinión el problema nefasto del Apartheid debe ser discutido y condenado en este punto de la agenda

Somos testigos de que el horrible odio de clases difundido por el totalitarismo que está inspirado en el dogma marxista-leninista, como el caso de Cuba, agrava el antagonismo de las clases sociales entre sí mismas, sembrando el miedo y el terror y apuntando hacia la dominación de una parte de la nación contra la otra, poniendo a todos en el nivel más bajo, imponiendo una sola ideología, que por violenta destruye todo pluralismo, rechaza de plano toda libre elección y que en nombre de la igualdad impone la preponderancia de la clase dirigente sobre el resto de la población. Un ejemplo vivo de ello son los actos de repudio que se produjeron en Cuba en 1980 contra los que manifestaron su deseo de abandonar el país. Sr. Presidente, únicamente por manifestar nuestro deseo de abandonar Cuba mis familiares y yo fuimos golpeados brutalmente, pateados en el suelo, nos escupieron, repito, Sr. Presidente, únicamente por solicitar la salida del país. Las mismas turbas que la dictadura sandinista llama turbas divinas.

En mi país los jóvenes que no profesan la ideología comunista son expulsados de la Universidad, como yo mismo fui expulsado, encausados bajo la Ley de Peligrosidad Predilictiva, sin haber cometido delito alguno, apaleados y masacrados y expulsados al exterior sin que jamás puedan volver al país propio. A algunos ni siquiera se les permite emigrar como en el caso del poeta y trovador Mike Pourcell quien tiene toda su familia fuera del país y es constantemente hostigado por las autoridades. A otros, como el caso de los tres hijos de Ramón Amor Laser, residente en Suiza, Marcelo, Maria Alejandra y Marcos Amor Minsal, de 25, 24 y 22 años respectivamente, se les mantiene en situación de rehenes acusados de peligrosidad, y esto con el fin de evitar declaraciones de su padre, antiguo miembro de las Fuerzas Armadas Revolucionarias de Cuba, acusado de alta traición en el pasado por el supuesto delito de planear su salida hacia Estados Unidos.

En mi país, Cuba, el odio y el terror, la denegación sistemática de los derechos humanos y las libertades fundamentales, se encuentran en su peor momento. El contínuo deterioro de las garantías para la vida de los seres humanos por motivos políticos, es cada vez mayor. Así lo demuestran hechos como el asesinato a tiros del joven de 21 años Iván Hernández Baluja. El gobierno cubano dice que Hernández Baluja está vivo. Le retamos a que lo presenten a la prensa internacional. Sus padres están reclamando el cadáver, la madre de este mártir denuncia y desmiente que su hijo viva. Invitamos al gobierno cubano a que desmienta los listados de fusilamientos realizados en 1987, que hemos puesto a disposición de secretaría, los innumerables casos de torturas y desapariciones, maltratos físicos inhumanos y degradantes, los asesinatos de los obreros Rafael Aquino Limonta, Caridad Pavón Tamayo, y de los trabajadores ferroviarios Ernesto Llanes Sotolongo y Efraín Montero Quesada, y la desaparición del jóven Owen Delgado Temprana cuyo cadáver aún no ha sido recuperado por su madre, todos ellos, entre miles de casos, cuya lista nos podría tomar todo el tiempo que dura esta asamblea, testimonian el dolor y el sufrimiento del pueblo de Cuba.

Por último, recordar que todavía en Cuba existen presos políticos plantados, sentenciados a largas condenas, y a 28 de ellos se les ha dicho claramente que jamás podrán salir de la cárcel.

Durante años y años los presos plantados han reclamado trato humano, visitas con sus familiares, asistencia médica, que les permitan tomar un poco de sol. El pasado septiembre por vez primera en muchos años les permitieron visitas, llevaron a algunos a sus casas, a otros al hospital. Todo fue con objetivos propagandísticos. Les tomaron fotos secretamente para distribuir aquí un folleto, y dar la impresión de que siempre han tenido esas facilidades.

El trabajo del distinguido defensor de los derechos humanos en Chile, Sr. Jaime Castillo Velasco en "Los Derechos Humanos y la Constitución Cubana de 1976," demuestra que la violación de los derechos humanos en Cuba es un hecho constitucional e institucional. Allí se expresa una condena (en la constitución de 1976 por supuesto) a todo pensamiento independiente. Quienes no siguen las normas rígidas del régimen están sometidos a persecuciones crueles, la cárcel, la tortura y hasta la muerte. Se debe expresar una profunda preocupación por el hecho de que la comunidad internacional tolera regímenes de este tipo.

Tengo un amigo en un país totalitario. Es un poeta. Se llama Delfín Prats y deambula loco, acosado, hostigado por las calles de La Habana. Delfín ha escrito estos versos que he recordado en estos días en que en tristes circunstancias he conocido la nieve de Ginebra, y cito:

"Nuestras interminables sentencias
que se repetirán
parapetadas tras el único lenguaje
posible por ahora
volviendo el rostro para cerciorarnos
de que nadie nos sigue
esa dura porción de ti mismo
que adviertes en los otros
la desesperación, la soledad,
como una espada resplandeciente
en medio de los ojos
para ser el saludo que nos reconforta
la canción que asciende
inadvertidamente hasta los labios,
del semejante"

Escuchad, por piedad, porque los que tenemos la responsabilidad de las nuevas generaciones, queremos crear un mundo mejor, donde la calidad de la vida debe ser un bien al cual todos puedan tener acceso, un mundo basado en el amor o al menos en el respeto recíproco de las personas y de las naciones.

Es por ello que solicitamos, como primer paso para poder formular una acción, dirigida a eliminar los sistemas basados en el odio, crear un grupo de trabajo, o designar un relator especial, para que indique los sistemas y las formas de acción que emanan del odio y sugiera lo que la comunidad internacional puede hacer para librar al mundo de esta amenaza.

Muchas gracias Sr. Presidente.

MIS ULTIMOS DÍAS EN CUBA

LA CONSTITUCIÓN DE 1976

El estado cubano se define en la Constitución de 1976 como un estado socialista de obreros y campesinos y demás trabajadores manuales e intelectuales, donde, según el artículo 5, el Partido Comunista de Cuba es la fuerza dirigente superior de la sociedad y del estado, que organiza y orienta los esfuerzos comunes hacia la construcción del socialismo y el avance hacia la sociedad comunista.

De manera que esta Constitución define a Cuba como una sociedad únicamente encaminada hacia la construcción del socialismo y el comunismo, negándole al pueblo todas las posibilidades de otras alternativas políticas e ideológicas.

LA VIOLACIÓN CONSTITUCIONAL DE LOS DERECHOS HUMANOS

Es realmente imposible que una posición tan definida en la práctica, tan identificada con una doctrina y con una organización política determinada sea la base común de acción para un país entero. Por eso yo quiero denunciar aquí que la violación de los derechos humanos en Cuba es de tipo constitucional. La Constitución cubana, desde su primer artículo deja de ser democrática porque eleva a categoría de TODO lo que teórica y prácticamente es sólo una PARTE.

En el caso de Cuba hay una determinada porción de pueblo a la cuál se adjudica un carácter dominante sobre la otra. Yo soy parte de esa otra porción de pueblo que vi mis intereses y aspiraciones aplastados por la ideología y el partido dominante en Cuba.

MIS ÚLTIMOS DÍAS EN CUBA.
LA EXPULSIÓN DE LA UNIVERSIDAD

Lo que estoy planteando aquí es sencillamente lo que queremos la mayoría de los jóvenes cubanos (somos hoy 7 millones de jóvenes nacidos después de 1959); esto es, que en Cuba se plantee formalmente el concepto de soberanía hasta poder incluir todas las doctrinas o posiciones políticas posibles sin autolimitar su contenido por razones de tipo partidista.

Voy a demostrar a continuación cómo se violan institucional y constitucionalmente los derechos humanos a la población de Cuba. Y ya que soy un joven formado precisamente por esa sociedad, enfocaré mi atención sobre los problemas de la juventud. El siguiente es, relatado de manera breve, el recuento de mis últimos días en Cuba:

La noche del 24 de febrero de 1980 fuimos reunidos los estudiantes de la Facultad de Letras de la Universidad de la Habana en lo que se dio en llamar las "Asambleas de Profundización de la Conciencia Revolucionaria", pero que en realidad no eran otra cosa que una cacería de brujas que condujo a la expulsión de más de 400 estudiantes de las facultades de Letras y Derecho.

Yo fui uno de los estudiantes expulsados esa noche, acusado de ser responsable de serias desviaciones ideológicas y políticas de carácter grave. En el juicio a que fui sometido en la Universidad por parte de las autoridades y los miembros del partido comunista, y delante de mis compañeros de aula, plantearon los acusadores que por carecer del imprescindible prestigio revolucionario de que debe gozar todo estudiante universitario, se me separaba definitiva e inmediatamente de la Universidad, privándoseme del derecho a estudiar. También se me informó que dicha decisión se daría a conocer a partir de ese momento a las autoridades del Ministerio del Interior para que procedieran en consecuencia.

Esto dio lugar a que agentes de la Seguridad del Estado comenzaron a seguirme a todas partes y a vigilar día y noche mis actividades y las de mi familia.

Fui acusado de "desviación ideológica" y por lo tanto se me señaló por los órganos de la Seguridad del Estado como un individuo "peligroso para la sociedad y encausable bajo la Ley de Peligrosidad Predelictiva" que el régimen cubano utiliza en estos casos. (En el momento de mi expulsión yo era el Primer Expediente de la Facultad de Letras de la Universidad de la Habana y como estudiante, desde el punto de vista académico, me había destacado por mis excelentes notas).

LOS ACTOS DE REPUDIO. EL ASALTO A MI CASA

El día 9 de mayo de 1980, a las 8 de la noche, me encontraba mirando la televisión en mi casa de Santa Clara, provincia de Villaclara, situada en la calle J, No. 48, entre Primera y Segunda, en el reparto Santa Catalina, cuando se personaron allí más de 100 individuos, al frente de los cuales se encontraban varios agentes de la Seguridad del Estado. La turba, armada de cabillas, hierros y machetes, comenzó de inmediato a tratar de derribar las puertas y ventanas para entrar en la casa, e intentar asesinarme a mí y a mis familiares más cercanos.

Gritando consignas comunistas, trataron de violentar la puerta de la vivienda, lo que no pudieron lograr ya que mi padre, el Sr. Guillermo Hernández, y mi hermano, el Sr. José Antonio Hernández, y yo, logramos, clavándolas, clausurar las puertas y ventanas de la casa.

Mientras, la multitud gritaba desde afuera que quería matarnos pues éramos traidores, ya que habíamos manifestado nuestro deseo de abandonar el país a través del Puente marítimo del Mariel. Utilizaron todo tipo de ofensas de carácter moral, gritándonos: "homosexuales", "antisociales", y otras palabrotas, para agredirnos, no sólo física, sino también moralmente.

A las 2 y 30 de la madrugada, cuando nos encontrábamos ya desesperados y creíamos que terminarían por entrar y matarnos, decidieron marcharse, advirtiéndonos que regresarían al día siguiente. En un grado total de desesperación nos dirigimos esa primera noche, al terminarse los "actos de repudio", como les llamaban, a la estación de policía más cercana a nuestra vivienda para tratar de denunciar lo que estaba ocurriéndonos y denunciar que habíamos sido amenazados de muerte.

Con total desfachatez nos contestaron que se trataba del "pueblo revolucionario y comunista" que les estaba ajustando cuentas a los "traidores" y que ellos (la policía) nada harían al respecto. Al mencionarle yo que la Declaración Universal de los Derechos Humanos señala en su artículo 13 que toda persona tiene derecho a salir de cualquier país, incluso del propio, y a regresar a su país, fui empujado salvajemente y golpeado por los agentes de la policía que me sacaron a empujones de la estación en compañía de mi padre y de mi hermano.

Durante los días siguientes continuaron los "actos de repudio". En esos días nos cortaron el agua y la luz eléctrica y siguieron tratando, salvajemente, de penetrar en la casa, mientras seguían gritando que querían matarnos, acusándonos de "traidores", "agentes de la CIA" y del imperialismo yanqui norteamericano.

DOCE KILOMETROS ENTRE LA VIDA Y LA MUERTE.
LA SALIDA DE CUBA.

Por fin, el martes 13 de mayo a las 8 de la mañana, pudimos dirigirnos mi padre, el Sr. Guillermo Hernández, mi hermano José Antonio y yo al pueblo de Manicaragua donde debíamos buscar la baja del centro de trabajo de mi padre, documento indispensable en Cuba para que las autoridades permitan emigrar del país. A pesar de que mi padre había trabajado hasta el momento como electricista en el Preuniversitario "Tony Santiago" en el campo, tuvimos que ir al Instituto de Superación Educacional, situado en el Km. 1 de la carretera entre Manicaragua y Santa Clara, donde daban la baja correspondiente.

Allí, mientras esperábamos la confección de ese documento, las autoridades del lugar se comunicaron con la Seguridad del Estado, los que a través de sus agentes, Luis Alvarez Amor, Bruno Rodríguez y Mireya Rodríguez, se personaron allí con otros 200 individuos que nos golpearon salvajemente durante 12 kms., en el camino que recorrimos a pie, entre Manicaragua y Santa Clara. Después de llevar recorridos esos 12 kilómetros donde fuimos sometidos a brutales golpizas, fue la propia policía que venía detrás de esta turba de agentes de la seguridad cubana, y que hasta ese momento no había intervenido, la que nos sacó de entre ellos a la fuerza y nos montó en un carro patrullero, llevándonos unos kilómetros más adelante donde pudimos tomar un carro que nos llevara a nuestra casa.

Posteriormente logré salir del país el 24 de mayo de 1980 luego de pasar por los Campos de Concentración "Cuatro ruedas" y "El mosquito", donde también fuimos golpeados y vejados. De igual forma durante el éxodo masivo del Mariel logró salir mi hermano. Mis padres, sin embargo, tuvieron que quedarse en Cuba, no permitiéndoseles abandonar el país hasta tres años después.

UN INTENTO DE ANALISIS

Según la Constitución Cubana en su artículo 8, inciso a): El estado socialista: —garantiza la libertad y la dignidad plena del hombre, el disfrute de sus derechos, el ejercicio y cumplimiento de su deberes y el desarrollo integral de su personalidad.

Y más adelante, en el inciso, b), señala que como poder del pueblo el estado socialista garantiza que: "No haya joven que no tenga oportunidad de estudiar"

Yo quisiera que el gobierno cubano me contestara por qué entonces se me expulsó a mí de la Universidad de la Habana junto con 400 estudiantes más, si todo joven tiene derecho a que se le eduque. Cuando fui expulsado, para justificar esa expulsión, en el juicio que me hicieron, entre otras cosas, las autoridades señalaron que yo tenía serias desviaciones de tipo ideológico, pues usaba ropa que procedía de los países occidentales, entre ellos de Estados Unidos.

¿Tengo o no tengo yo como joven derecho a la educación?

¿Me invalida para poder estudiar el hecho de usar una camisa francesa o norteamericana?

¿Me invalida para estudiar en Cuba no coincidir con la ideología del partido dominante?

¿Se puede o no se puede estudiar cualquier carrera en Cuba sin militar en el Partido Comunista y sus organizaciones anexas?

¿Cómo podría demostrar el gobierno de Cuba que la Constitución garantiza la libertad y la dignidad plena del hombre, si expulsa de las universidades que están en manos del Estado únicamente a los jóvenes que se oponen a las ideas que allí se expresan?

¿Cuál es la libertad de la que habla el gobierno de Cuba?

¿Es acaso la libertad de creer en la ideología marxista-leninista y de militar en el Partido Comunista, o se puede desarrollar integramente el ser humano en Cuba, como dice la Constitución, aún a pesar de disentir de las ideas oficiales?

¿Puede un joven como yo acudir a la prensa en Cuba y denunciar estos abusos que he relatado aquí? ¿Sí o no?

Después que ese joven es expulsado de la universidad en Cuba, por ser estatal la educación, ¿puede estudiar dentro del territorio nacional en otra institución..? ¿Puede irse libremente por el aeropuerto de La Habana a estudiar en cualquier universidad del mundo que le acepte y regresar a Cuba una vez graduado a trabajar en su profesión, sin ser molestado por las autoridades?

¿Cómo garantiza el gobierno de Cuba la dignidad plena del hombre?

Hace poco salió de Cuba hacia Madrid, España, el compositor Meme Solís, un joven al que se le negó por 19 años su derecho a emigrar y fijar su residencia en el país que quisiere, derecho que garantiza la Declaración Universal de los Derechos del Hombre (de la O.N.U.) de la que Cuba es signataria. ¿Es de esta manera que garantiza Cuba la dignidad plena del hombre?

Yo fui salvajemente golpeado junto a mi familia por manifestar mi deseo de emigrar. ¿Es así como se garantiza la dignidad plena del hombre?

Aparentemente Cuba tiene una manera muy peculiar de entender estos derechos.

¿Por qué a mí y a muchos otros se nos ha acusado de desviaciones ideológicas y políticas de carácter grave? ¿Es acaso esa la razón o quiere decir eso que como no creo en el marxismo-leninismo estoy desviado? ¿Qué es estar "desviado" para las autoridades cubanas? ¿Se puede o no se puede tener un credo político-ideológico diferente al del gobierno que domina en Cuba y a pesar de ello estudiar y desarrollarse íntegramente en la sociedad cubana, aún manifestando públicamente las ideas que el individuo crea pertinentes?

Ahora bien, para las autoridades cubanas, pensar diferente quiere decir TRAICIONAR, y el que cree en otra ideología política que no sea precisamente el marxismo-leninismo es considerado TRAIDOR a la patria. El que manifiesta su deseo de abandonar el país es considerado igualmente un traidor.

En el artículo 64 de la Constitución Cubana de 1976 se plantea que: "La traición a la patria es el más grave de los crímenes, quien la comete está sujeto a las más severas sanciones"

Pero somos considerados traidores todos los que no pensamos de acuerdo con la ideología oficial aún y cuando no atentemos contra el régimen.

Una vez que el individuo es señalado públicamente como traidor tiene muy pocas alternativas y esas son:

—EL PRESIDIO POLITICO.
—EL SUICIDIO.
—EL EXILIO.

Como creo que ha podido verse a través de mi testimonio, el primer camino por el que debía transitar de haberme quedado en Cuba era precisamente la prisión, pues se me acusaba bajo la "la ley de peligrosidad predelictiva", lo que significa que el estado asume que el individuo va a delinquir en su contra y que por la tanto es peligroso y debe ser apresado y cumplir cuatro años de cárcel por el delito de pensar diferente.

Ese individuo que va a la cárcel es situado entre presos comunes. No ha cometido jamás delito alguno y es llevado a convivir en un ambiente social que le es ajeno, convirtiéndose en estas circunstancias en un delincuente que después el gobierno botará al exterior a través del Puente Marítimo del Mariel o en condiciones similares.

El exilio obligatorio, el destierro, que es censurado por todas las naciones civilizadas y modernas y considerado una aberración, se hizo obligatorio en Cuba para miles de personas durante el éxodo del Mariel.

A los cubanos no sólo se nos expulsa de las universidades, sino que se nos expulsa de nuestro propio país, y lo que es peor, no se nos permite regresar a él.

Pero además, por el hecho de adquirir una ciudadanía extranjera se pierde, según la Constitución de 1976, la ciudadanía cubana.

¿Es o no es un derecho del ser humano que no se le prive arbitrariamente de su ciudadanía? En estos momentos, en estos mismos instantes que hablo aquí, hay un joven cubano llamado Mike Purcell que no se le permite emigrar de Cuba.

Mike Purcell es el autor de la canción "En busca de una nueva flor", que fue tema del XI Festival Mundial de la Juventud y los Estudiantes, que se celebró en la Habana en 1978. Mike Purcell es uno de los mejores poetas y compositores cubanos de este momento. En 1980 les comunicó a las autoridades cubanas su deseo de salir de Cuba por el Puente Marítimo del Mariel, lo que se le prohibió, negándosele el derecho a trabajar como artista en la radio y la televisión, a grabar discos, a actuar como músico, por el simple hecho de querer abandonar Cuba.

Mike no es político, nunca lo ha sido, sus canciones son canciones de amor; toda su familia, sus padres, su esposa, un hijo de 15 años, (el que ha sido, como en muchos otros casos, separado de su padre cuando más lo necesitaba) se encuentran fuera de Cuba. Es más, el gobierno dominicano le ha dado una visa de entrada a ese país a Mike Purcell... Entonces... ¿por qué no se le permite abandonar la isla? ¿Por qué no se le dan explicaciones?

Con relación a la creación artística la Constitución Cubana plantea, que "la creación artística es libre siempre que su contenido no sea contrario a la Revolución." De modo que todo aquél que escriba o desarrolle una manifestación artística contraria a la línea oficial del gobierno puede ser marginado como artista y hasta encausado.

Que responda el gobierno cubano. ¿Es o no cierto que se encausó a René Ariza por escribir cuentos que fueron considerados por ellos atentados contra los poderes del Estado? Aquí mismo tengo la fotocopia de esa condena.

También en estos momentos hay otros casos de escritores y artistas que son marginados dentro de Cuba y no se les permite expresar su arte y dar a conocer sus obras.

¿Es o no cierto que Reinaldo Bragado Butanos se encuentra marginado y que ha estado detenido en el pasado, y que sus obras no se publican en Cuba?

¿Es o no cierto que la poetisa Tania Díaz Castro está marginada y que fue separada de la Unión de Escritores y Artistas de Cuba por sus ideas contrarias al régimen?

¿Es o no cierto que Pedro Luis Ferrer está también marginado por el gobierno y no se le permite actuar en público, ni en radio ni en TV, por hacer declaraciones contrarias a la política oficial?

Como ustedes han podido ver yo he criticado fuertemente al gobierno cubano. Lo que he hecho aquí hoy es interpretado por las autoridades de Cuba como traición, y de acuerdo con la Constitución Cubana pierdo mi ciudadanía cubana porque según el artículo 32 del inciso c) ... "Los que en territorio extranjero de cualquier modo conspiren o actuen contra el pueblo de Cuba y sus instituciones socialistas y revolucionarias pierden la ciudadanía cubana".

He contado como el individuo es hostigado y expulsado del país, como se le priva de su ciudadanía y cómo se le prohibe regresar a su propio país. Pero si el individuo acepta una ciudadanía extranjera, porque al verse privado de la propia busca nuevas alternativas para su realización personal, tampoco se le permite entrar al país en virtud de su nueva ciudadanía.

¿Cuándo somos y cuándo no somos cubanos? Somos cubanos cuando le conviene al gobierno de Cuba, para acusarnos, para expulsarnos, para llevarnos a la cárcel y para obtener los dólares que llevan los exiliados de antes de 1978, que después de muchas peripecias y sacrificios logran regresar a visitar a sus familiares por una semana. ¿Cómo garantiza el gobierno cubano la libertad de los individuos si no puede garantizar ni definir siquiera quiénes pueden gozar o no de la ciudadanía cubana? En Cuba todo el que piense diferente es enemigo del régimen y por tanto un candidato a perder su ciudadanía.

Podría estar aquí hablando de violaciones de los derechos humanos hasta el año 2017, podría pasarme 29 años, los mismos que he vivido relatando una tras otra estas tristes historias. Y es que mi vida entera ha sido la consecuencia de una violación tras otra. A cada minuto en Cuba veía como me reducía y me reducían como persona. El terror mental tan efectivo en otros tiempos, más efectivo que los gendarmes y las bayonetas, domina hoy en la isla que es un estado policíaco.

Ahora preferiría responder a las preguntas de ustedes y garantizarles que a pesar de todo puedo todavía AMAR, jugar con la nieve de Ginebra en estos días en que la he conocido, en tristes circunstancias por cierto, y esperar en algún lugar del mundo el momento en que pueda regresar a la isla para disfrutar de la llegada inolvidable de la primavera del trópico, que a pesar de todo... llegará.

Ginebra, 1988

AUTORRETRATO DE GUILLERMO EN EL MALECÓN HABANERO

Yo soy Guillermo Hernández. Yo no fui en Cuba un preso político. Pero sí fui un prisionero de la cárcel que es toda la isla de Cuba. Nunca estás más preso que cuando sabes que no se puede salir. No hay cárcel más perfecta que una isla. Y no hay reja más apropiada para una cárcel que el mar. El Malecón de La Habana es esa reja que nos impide salir. Y cuando te paras en ese Malecón y miras al horizonte, y lo ves inalcanzable, infinito, lejano, entonces sabes que estás preso, estás perseguido, vigilado, preso en tu propia patria, pero, además, no puedes salir.

Yo recuerdo que un día me senté con una amiga a conversar en el Malecón habanero. Eramos amigos desde hacía más de diez años. Habíamos estudiado juntos y juntos habíamos compartido alegrías, tristezas, buenos y malos momentos. Entonces me pongo a mirar ese horizonte al que no podemos llegar los cubanos, prisioneros en nuestra isla, y me pierdo en él y empiezo a navegar por aguas más tranquilas.

Ella se queda mirándome y me dice:

— Sé lo que estás pensando. Y te voy a decir en tu cara tres grandes verdades. Allá en ese horizonte al que estás mirando, por ahí se llega a la libertad, y en esa libertad estabas tú hace un segundo, caminando por sus calles, diciendo a favor o en contra, diciendo que sí o que no según sea tu criterio, pero en libertad, porque eso es lo que tú quieres ser: un hombre libre. Y esto lo sé porque te he observado por diez años, porque lo he leído en tus ojos cuando íbamos juntos a las clases de marxismo, y ellos me lo dijeron; tus ojos te traicionaron y me dijeron quién tú eres. Ahora, si perteneces a la Policía Política, a la Seguridad del Estado, puedes hacer lo que quieras conmigo, pero yo tenía la necesidad de decirte que estoy contigo en tu dolor y que pienso como tú.

Ese día lloramos juntos, mientras la luz del puerto de La Habana nos quemaba en lo más hondo; esa luz que deslumbró a los europeos, a nosotros los jóvenes cubanos nos quema, nos asfixia, nos mata.

¿HASTA QUÉ PUNTO CREE USTED VITAL LA AYUDA NORTEAMERICANA PARA LA LIBERACIÓN DE CUBA?

"No creo que tal ayuda sea 'vital' para la liberación de Cuba. El factor 'vital' para lograr la libertad de nuestra patria es la lucha del pueblo cubano por encauzar su destino histórico y su misión espiritual y humana en América. Si en el momento en que el pueblo cubano se levante para quitarse de encima las cadenas, Estados Unidos, como cualquier otra nación libre, desea ayudarle en ese empeño, bienvenida sea esa ayuda, siempre que no implique el contraer 'deudas de gratitud peligrosas' como nos enseñó el general Antonio. Las relaciones entre Cuba y Estados Unidos en el futuro deben ser de amistad, pero no se debe repetir la triste historia de la intervención y la Enmienda Platt."

Guillermo Hernández

BARQUITO DE PAPEL

Una mañana de 1980, en la fuente de un parque en La Habana, yo estaba echando un barquito de papel al agua. Dos meses después fui expulsado de la Universidad de La Habana, acusado de diversionismo ideológico. Este documento señalaba que yo no podía estudiar más en una universidad en Cuba y que carecía de la moral y el prestigio necesario para ello.

Entre las cosas que me señalaron cuando me expulsaron de la universidad, estaba el hecho de que había estado echando barquitos de papel en una fuente y que esto es un acto de irresponsabilidad y diversionismo ideológico.

Yo nací en enero de 1959. Soy el hijo de un campesino de la provincia de Las Villas al centro de Cuba, que devino empleado de la Compañía de Electricidad, y de una criada que en los tiempos del capitalismo ganaba 15 pesos mensuales. *Yo soy el hijo de la Revolución Cubana.* Había estudiado, gracias a mis notas académicas, en la Escuela Vocacional Lenín. Allí conocí, muy de cerca, la discriminación que sufren los jóvenes en la Cuba de hoy. Allí estudiaban los hijos de los ministros, de los viceministros, de los dirigentes de la nueva clase, que gozaban de las prebendas que les daba el ser hijos de quienes eran. Un día, recuerdo que fui a Alamar, a una fiesta de quince. Iba con muchas ilusiones, con muchos deseos de bailar. Pero yo era un guajirito de Santa Clara que no era hijo de ningún ministro.

"¡YO SOY EL HIJO DE LA REVOLUCION CUBANA!"

Colonia

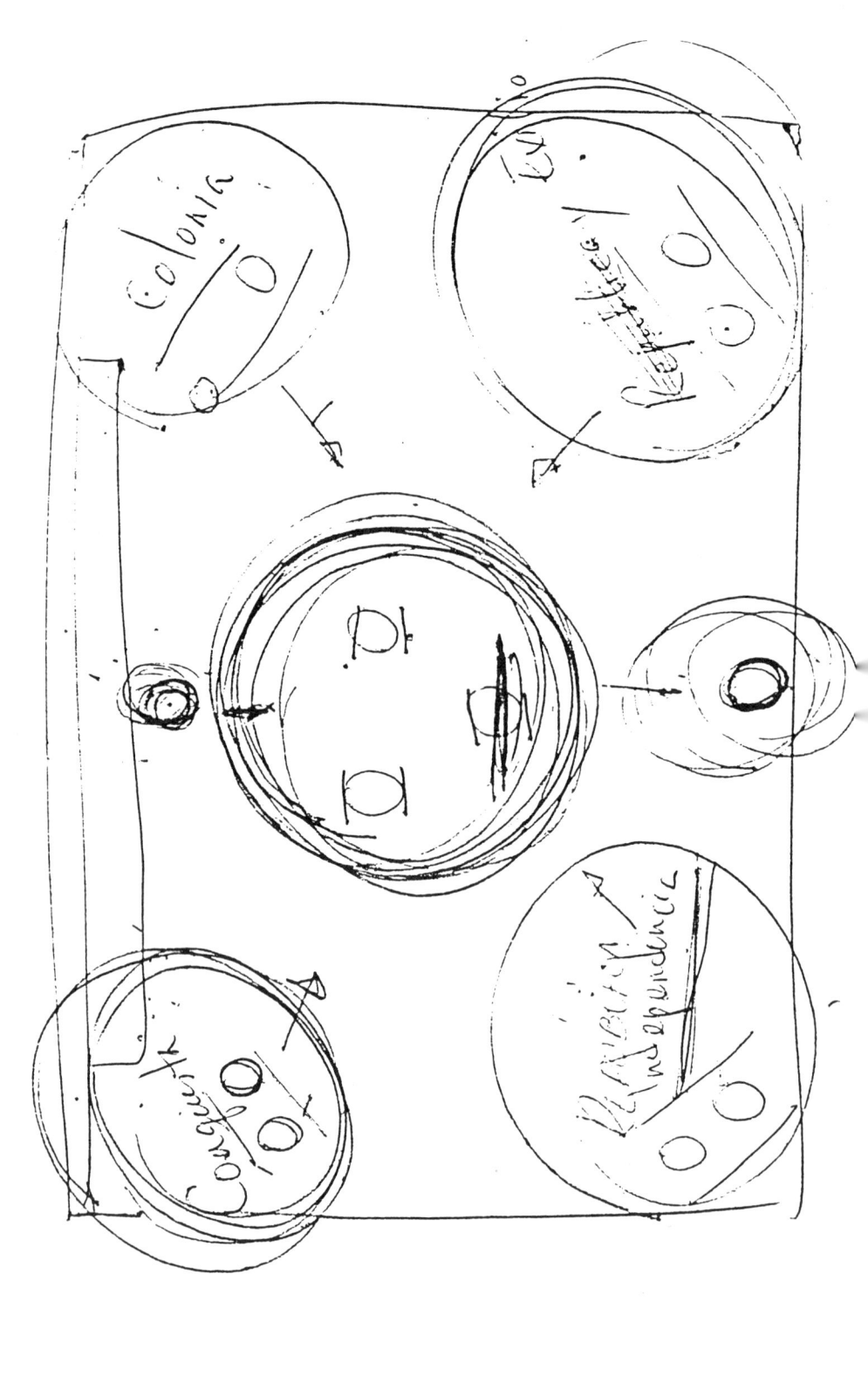

República / Independencia

Conquista

BARQUITO DE PAPEL

PERSONAJES

CARMEN, la madre.
ALBERTO, el padre.
ALBERTICO, el hijo.
JUAN CARLOS, el hijo menor.
CHARO, hermana de ALBERTO.
ISABEL, la prima.

La acción tiene lugar en Cuba, en una ciudad de provincia, el 24 de febrero de 1980.
Escenografía. Una casa cubana de hoy. Aparecerán la sala, el comedor-cocina, y una puerta que da a las habitaciones y quizás otra a los patios interiores. La puerta y ventana de la sala jugarán un papel primordial pues en éstas estará centrada toda la atención de la obra. Tendrán unos vitrales coloniales. En la sala, un televisor lo más parecido posible a los televisores soviéticos, con cuatro patas. Dos sillones cubanos y una mesa de centro. Un librero con varios libros y sobre éste un periódico Gramma. En el comedor una mesa armable-desarmable y cuatro sillas, una mesita de azulejos y algunos closets debajo de ésta, sobre la que estará un fogón de dos hornillas. En la sala un cuadro del Sagrado Corazón o una imagen de la Virgen de la Caridad, y un cuadro con unos cisnes o algún motivo de este tipo. En el comedor, algunos adornos sencillos a la usanza cubana.

Están todos en el comedor. Son alrededor de las siete de la noche. Acaban de comer y conversan de distintos temas. Isabel y la tía Charo están de visita.

CARMEN.— Yo no sé, Charo, pero yo encontré muy raro a Albertico la última vez que vino.

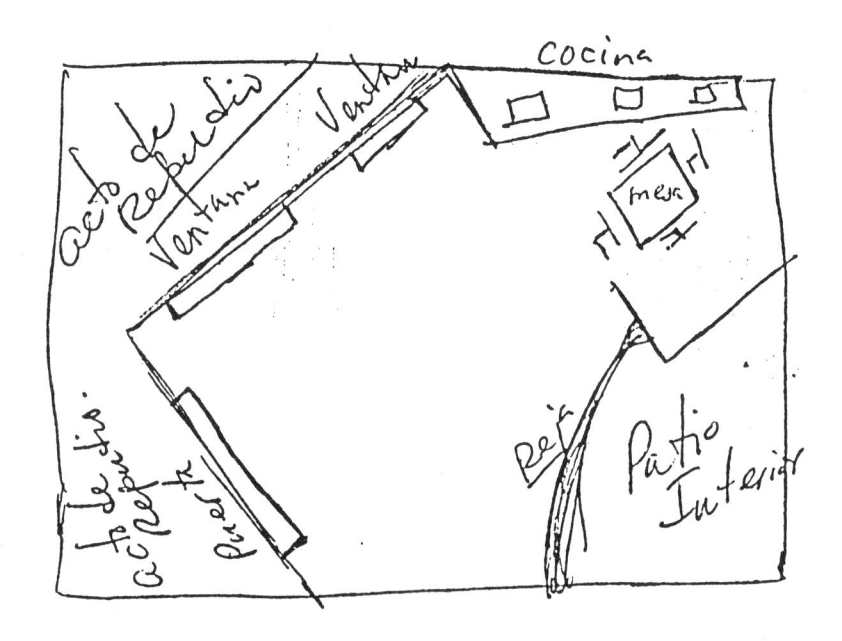

CHARO.— (*Restándole importancia*). Ay, Carmen, a ti sí que te gusta elucubrar. A Albertico no le pasa nada. ¿Qué raro de qué? Yo no sé... Ustedes cogen una lucha con ese muchacho. Déjenlo tranquilo..

ALBERTO.— ¿Que no le pasa nada? Tú lo que (*se le acerca al oído*) no sabes como está la Habana. ¿O es que tú te crees que la vez pasada Albertico vino porque le tocaba venir así de lindo, así..? De eso nada..

JUAN CARLOS.— ¿Tú crees que él tiene problemas allá en la Habana?

ALBERTO.— Bueno, problemas, problemas yo no sé; pero yo sí sé que ultimamente las cosas en la Habana no están muy bien... Han aparecido unos cartelitos,... Dicen que le pusieron uno a Martí que decía: ¡Yo también me voy! (*Riéndose*) ¡Y hasta una maleta le pusieron!

CARMEN.— (*Regañándole*). ¡Alberto, por favor, habla bajito! ¡Mira que las paredes tienen oídos! ¡En esta casa el día menos pensado va a haber una desgracia! Sí, porque yo te digo, Charo, yo por María no me tengo que preocupar porque, vaya, yo sé que ella sería incapaz; pero lo que es esa otra, ay, mijita, esa mujercita la tengo clavada yo aquí (*se señala entre ceja y ceja*) y es una cosa que no la trago porque ni que leyera mi vida, ¡ni que leyera! Eso es ya tú sabes, lo último, lo último. Además, tú sabes quién es el marido, ¿no? Imagínate, que él trabaja para esa gente en el Pretensado. Demetrio es de la Seguridad. ¡Charo, por tu madre! (*Mirando a Isabel*) Tú lo debes conocer,

Isabelita, porque tú trabajas en el Ministerio. ¿O él no tiene que ver con la parte tuya.?

Juan Carlos ha estado escuchando un radio con el audífono.

ISABEL.— Bueno, yo no lo conozco porque yo, como soy nueva... Además, Carmen, yo sólo soy mecanógrafa. Vaya, lo mío es en las oficinas del ministerio, pero más nada...

JUAN CARLOS.—(*Incorporándose*). ¡Oye, oye papi, pero oye esto...!

ALBERTO.—(*Escuchando y hablando a un tiempo*). Es un preso político que acaba de llegar allí y lo están entrevistando.

JUAN CARLOS.—Vaya, de lo que uno se entera oyendo el radiecito éste. Si estuviera aquí Albertico se daría gusto.

ISABEL.—Pues mira, que para que se dé gusto como tú dices lo único que hace falta es que le prestes el audífono, porque acaba de entrar por esa puerta..

Todos quedan atónitos y, aún más, al ver la cara de Albertico que ha entrado con cara de pocos amigos y dos maletines grandes. Los pone sobre el piso. Va a decir algo, pero no puede hablar. Carmen se le acerca.

CARMEN.—Hijo, ¿qué pasó? ¿Por qué estás aquí si hace sólo seis días que te fuistes?

ALBERTICO.—Se acabó todo, vieja, se acabó todo..

ALBERTO.—¡Te botaron! ¡Yo me lo estaba imaginando! ¡Que estaban al botarte! ¡Porque es que aquí lo que sirve no va para ninguna parte! ¡Aquí lo que camina es la basura, el chivato, el arrastrao ése... ¡Yo lo sabía! ¡Yo sabía que esto me venía para arriba!

CHARO.—Alberto, cálmate, mira que te van a oír y nos vamos a desgraciar todos... Deja que el muchacho hable y cuente que fue lo que pasó.

ISABEL.—Sí, tío, deja que Alber hable y diga qué pasó. Yo no creo que la Revolución cometa una injusticia con un muchacho tan inteligente como Alber. Además, él es el primer expediente de su facultad. ¿No es verdad, Alber?

ALBERTICO.—Era, Isabel, era, ya eso se acabó... Ahora soy un delincuente, un antisocial... un lumpen... ésa es la categoría que tienen para mí tus amiguitos del ministerio, porque no me irás a negar que ustedes los tienen en todas partes y que la universidad está minada. Mira, Isabel, aquí no vale si eres el primer expediente ni nada de eso... porque aquí el expediente que hay que tener en primer lugar es el expediente de la chivatería. El que se llena de odio aquí, triunfa, porque eso es lo que es esto, un chiquero de odio, de rencor, donde los puercos de tus amiguitos del ministerio se revuelcan como les da a ellos la gana, para que tú lo sepas, y me botaron porque yo no cabía entre ellos, porque ellos dicen que yo soy un lumpen y un antisocial y un desviado ideologicamente. ¿Y tú sabes por qué? Pues porque yo me puse la camisa de mierda ésa que me trajo mi tío de los Estados Unidos.

ISABEL.—Mira, yo contigo no voy a discutir, porque en definitiva...

ALBERTICO.—(*Cortándola*). Porque no puedes, porque no hay razón, ... chica...

CHARO.—Bueno, bueno, no es para tanto. No se vayan a fajar ahora, que ustedes se han criado como hermanos..

ISABEL.—Mira, mami, mejor nos vamos, que ya es tarde y tú sabes como se pone la guagua a esta hora.

CHARO.—No, y que hay que hacer cambio en el Parque, y los otros días llegamos a casa a las doce de la noche. (*Pausa*). Mira, Alber, no le hagas caso a tu prima. Tú sabes que ella trabaja donde trabaja y no puede hablar. Por eso es que ni te contesta cuando tú dices esas cosas. Pero yo te comprendo. Tú eres como mi hijo, el hijo varón que no tuve, y tú sabes que mi sueño, como el de tus padres, es que tú llegues a ser algo en la vida porque nosotros no pudimos, desgraciadamente. Antes las cosas eran muy distintas y la gente del campo sufríamos mucho, era imposible, o practicamente imposible... Y ya tú ves... Costurera, eso fue a todo lo que yo pude llegar, pero hubiera querido que tú triunfaras e hicieras esa carrera tan linda, y pudieras hablar como tú sabes de Martí y de los libros y de los poetas, y que cuando yo fuera vieja me leyeras esos poemas tuyos tan lindos... Pero, mira, Albertico, esto yo ya se lo había dicho a tu padre. Esto ya yo me lo esperaba. Lo que pasa es que trataba de restarle importancia, tú sabes, porque él se preocupa mucho y tu mamá también; pero esto yo sé que venía porque, hijo, aunque tú no vas a verme nunca con los libros, a veces con una aguja y un pedazo de hilo, cosiendo de noche en mi casa, yo me escribo grandes tesis, de ésas que tú hablas, y saco mis propias conclusiones, y esto, Alber, esto yo lo veía venir, no de ahora, sino desde hace muchos años... Porque aquí hay cosas que pasaron cuando tú eras un niño y que los libros de ahora no dicen... Y eso, eso no se lo enseñan a ustedes en la universidad, porque eso es el pasado y el pasado aquí es un delito. Mira, Alber, yo sé que lo que viene para arriba de ti ahora es de ampanga, pero tienes que ser fuerte, y cuidarte mucho, porque te van a empezar a vigilar... Ahora, esto tuyo le pasó, como te digo, a mucha gente antes, en los años sesenta, y entonces no era como ahora que dicen "LA UNIVERSIDAD ES PARA LOS REVOLUCIONARIOS." Entonces decían: "DENTRO DE

LA REVOLUCION TODO, FUERA DE LA REVOLUCION NADA..." ¿Y sabes dónde está toda aquella gente?
ALBERTICO.— ¿Qué me quieres decir?
CHARO.— (*Llorando*). Que te vayas, Alber, que te vayas. Ya yo no puedo y menos con Isabel trabajando donde está. Pero tú, vete, ¡sálvate por Dios...!
ALBERTICO.— Sí, tía, ¿pero cómo?

Albertico y Charo se abrazan. La madre y el hermano se abrazan también y ésta acaricia con una mano a uno y con la otra la cabeza de Albertico. Isabel ha avanzado hasta la sala y el padre de Albertico la sigue. Ambos ocupan dos ángulos distintos y él se queda mirando el Corazón de Jesús. Ella mira hacia la puerta.

CHARO.— (*Controlándose y secándose las lagrimas.*) Mira, Alber, mañana ve a la casa que te voy a hacer un pantalón con uno que desarmé; el grandote ése que le dieron a tu padre por el cupón de la libreta.
ALBERTICO.— Está bien, tía, mañana voy. (*A la madre*). Vieja, sírveme algo, que estoy muerto de hambre.

(*Se despiden. Salen Charo e Isabel. Carmen comienza a servir*).

CARMEN.— ¿Tuviste que hacer mucha cola en la Terminal?
ALBERTICO.— Sí, vieja. Llevaba, te voy a decir, ¡una noche y medio día! Como veinte horas allí. La terminal de La Habana está de madre. Imagínate, con toda la gente que están botando de la Universidad, la gente de Oriente lleva hasta tres días en la cola. Y ya tú sabes, todo el mundo sin comer. (*Comiendo un pedazo de pan*). A Pedro Luis, el amigo mío de Santiago, también lo botaron.

El padre y Juan Carlos regresan de la puerta, que han cerrado. Se sientan a la mesa.

JUAN CARLOS.— Esta lo que se está volviendo más atracá que el carajo.
CARMEN.— Juan Carlos, no hables así de tu prima.
JUAN CARLOS.— Si es verdad. ¿No ves como miraba a Alber? Claro, no hablaba porque no podía y tía Charo lo que hace es sufrir.
ALBERTO.— Bueno, cállate, Juan Carlos, y deja a tu hermano a ver si nos cuenta en concreto lo que pasó.

ALBERTICO.— Déjalo, viejo. Es verdad que Isabel está cambiando. Ya no nos trata igual. ¡Claro, al que esta gente agarra y le lava el coco! Coño, es que son peor que la yerba mala.

CARMEN.— ¡Ay, Alber, por Dios! Mira, habla bajito, y más ahora, hijo. Yo no sé qué me voy a hacer, yo no sé. Me voy a volver loca porque es que tú tienes unas ideas... Yo quisiera saber qué demonios se te ha metido en la cabeza.

ALBERTO.— Carmen, mira, de jodío *pa* alante no hay más pueblo. Así que deja que el muchacho hable y diga lo que pasó.

JUAN CARLOS.—Sí, Alber, cuenta como fue eso de la "limpieza en la Universidad."

Lentamente se van apagando las luces y comienza a quedar Alber, solo, en primer plano, contando la historia.

ALBERTICO.— Hace tres noches que me botaron. Nos citaron a una reunión de análisis. Tú sabes, todo estaba preparado. Nos dijeron que era la Asamblea de Evaluación de este trimestre. Todo el mundo sospechó, porque el trimestre no se ha terminado todavía. Pero, bueno, fuimos a la reunión. Claro, Pedro Luis y yo sí lo sabíamos todo, porque Molina, que es de la UIC, vaya, él es del Comité de Base de la Facultad, y él nos lo dijo. Antes de ayer, por la tarde, él nos llamó a Pedro Luis y a mí, y nos dijo que no hiciéramos comentarios y mucho menos que protestáramos en la reunión, porque de todos modos eso estaba decidido y nos iban a botar. Así que la reunión empezó a las ocho de la noche y se acabó a las ocho de la mañana de ayer. Nos fueron analizando uno a uno y uno a uno nos fueron botando. Vaya, no se salvó ni el gato. Ya lo tenían todo cuadrado: quien tenía que criticar a quien, que es lo que hay que señalarle a cada uno. ¡Y si vieras las votaciones! No había nadie en contra, nadie se abstenía. Como a la una de la mañana analizaron a Pedro Luis... Después a René y después a mí... Me dijeron tantas estupideces que no me quisiera ni acordar. Bueno, lo primero que salió a relucir, claro está, es la camisa de mierda ésa que me trajo José de los Estados Unidos. Claro que me la puse, y me dijeron que eso era diversionismo ideológico, pues esa camisa era una ostentación del mundo capitalista y significaba cuales eran mis deseos y aspiraciones. Yo les dije que si una camisa representaba la ideología, entonces esto era muy débil porque una camisa es un pedazo de trapo. El rector se puso furioso, y ahí fue cuando aproveché y le dije, "claro, mi camisa significa desviación ideológica porque vino de los Estados Unidos, pero ese pantalón que usted trae, ese no, claro, porque usted lo compró en uno de sus viajes, seguro que al mundo socialista a los países "amigos". Sí, seguro que usted se la compró en los países amigos de España, México, Francia; en algunos de esos países amigos del "campo socialista". Lo único que el mío, porque quiero que usted sepa que aunque no me lo he puesto todavía, además de la camisa, me trajeron un pantalón, que me lo compró mi tío con "su" dinero y que no se lo robó a nadie, porque mi tío es un simple obrero explotado, que produce plusvalía para una empresa capitalista, y el suyo, ése, salió del sudor de mi padre y de los padres de muchos de los que ahora ustedes están expulsando. Porque, ¡no me va a decir que usted se lo compró con dinero cubano!, porque, entonces, ¿está usted en la bolsa negra?" Bueno, cogió una furia que me dijo que por todo aquello no sólo me merecía que fuera expulsado deshonrosamente de las aulas universitarias, sino que yo debía estar en el Combinado del Este, porque yo era un contrarrevolucionario. Ahí yo dije: aquí mismo voy a quemar las naves. Si de todos modos ya esto no da más, y total, *pa* la leche que da la vaca, que se la tome el ternero. Y le dije: "lo único que allí, en el Combinado del Este, yo voy a seguir pensando igual, mientras que ustedes, aunque sepan que lo que yo digo es verdad, no pueden ni siquiera pensarlo, porque tienen que seguir repitiendo lo que tenían que repetir yo hace cuatro o cinco horas. ¡Llévenme, llévenme si pueden que yo no les tengo miedo!" (*Pausa*) Figúrate, ahí salió Cutiño. ¡Qué negro más mierda, coño! ¡Lo que hay es que entregárselo a los militares, que si a mí me lo dan yo a él lo arreglo y le quito esa boconería que se trae! Entonces le voy *pa* arriba con deseos de matarlo, y Pablo y Pedro Luis me agarran, y nada más le pude lanzar un pescozón. Claro, ahí empezaron a salir todos los otros que me han estado vigilando todos estos meses... Que si yo iba a Varadero y ellos lo sabían, que si tenía una contrata de trabajo con Educación y ellos lo sabían, que si me quedaba en el Internacional. Bueno, una me dijo que me había visto en la fuente del parque que está frente al Amadeo Roldán, ahí en Calzada, tirando un barquito de papel al agua, y que eso era una falta de madurez política y revolucionaria, porque ese día el país se hallaba en alarma de combate porque un avión norteamericano había roto la barrera de sonido... ¡Qué me importa a mí la barrera de sonido! Si es que aquí han anunciado tanto a los americanos que no acaban de llegar, que ya si algún día vinieran ni caso se les iba a hacer. ¡Aquí lo que la gente tiene es deseo de que vengan y no jodan más...! ¡Un barquito de papel...! ¡Qué mierda, coño! ¡Qué ganas tengo de poder irme de este país de mierda! ¡Un barquito de papel...! Que si me reunía con elementos desafectos, que si soy amigo de elementos que han sido sancionados por la Revolución, que si fueron de la UMAP, que si yo escribo poemitas raros, que si me siento en el Malecón, que si voy al ballet y hablo con maricones del ballet, que si el barquito de papel... ¡Un barquito de papel, o de lo que sea!

51

Se va oscureciendo el escenario y aparece proyectado un dibujo infantil con un barquito de papel. Canción de fondo:

*Barquito de papel, mi amigo fiel
llévame a navegar, por el ancho mar...
Quiero conocer a gentes de aquí y de allá...
Y a todos llevar la flor de la amistad.*

LA POESIA DE GUILLERMO HERNANDEZ: RUPTURA Y DESOLACION

por Yara González-Montes

Dolor infinito debía ser el único nombre de estas páginas.

José Martí

En su poesía Guillermo Hernández nos dejó la concretización de un momento histórico y cultural, producto de su expresión artística y de las relaciones que estableció entre su individualidad y la sociedad que le tocó vivir.

Todo escritor establece una interrelación con su contorno social que se materializa en el producto artístico que crea, en este caso esa materialización tiene lugar dentro de una estructura poética.

La lírica de Guillermo Hernández está permeada de angustia, de rebeldía, de desolación. El hablante en sus poemas está consciente de su aislamiento dentro de un mundo caótico y hostil con el que no puede comunicarse. Dos corrientes esenciales la permean: la social y la amorosa.

Desde muy temprano el poeta se sintió preocupado por la palabra como medio idóneo de comunicación entre los hombres. Se percataba de que los vocablos poseen significados múltiples y de que, en ocasiones, se usan con un sentido engañoso. Si en un principio fue el Verbo el que puso orden en el caos, claridad en la confusión, ¿qué hacer cuando comprobamos que el verbo nos traiciona? En un poema titulado "Términos y.... "Términos", que escribe siendo aún estudiante de Derecho, dice:

> Estoy entre términos.... y "términos"
> me agobian las palabras....
> ....

> ¿Cuándo encontrar la luz
> entre estos libros?
>
> ¿Cuándo sentir que de veras
> aplican estos términos?
> ....

Asediado por palabras que no responden a su auténtico significado, que no cumplen su verdadera finalidad, que es la de imponer orden, claridad y justicia entre los hombres, el joven estudiante se da cuenta de que la verdad yace oculta en la red de palabras que nos envuelve; por eso, continúa cuestionándose:

> ¿Cuándo servir al amor
> con fuerzas vivas?
>
> ¿Cuándo entregar estos términos
> hechos equidad?

Queda aquí el tema de la justicia claramente expuesto, pero fijémonos que el término "equidad" se refiere a la justicia natural o divina, plano de lo absoluto, que se opone a la justicia legal o social, plano de lo relativo. El poeta aspira al primero, al de la justicia ideal. La anáfora subraya el factor temporal denotando una impaciencia por el logro de la misma que se controla a duras penas. Más adelante, él mismo define claramente la justicia a la que se refiere:

> No la que se dice
> muy fácil
> desde unos labios sutiles,
> sino la que es de todos
> si se habla de riqueza,
> o la que se lleva
> en el color
> de la camisa sudada
> en la pobreza. (p. 68)

A la minoría que impone una justicia equívoca, opone el todo de los que deben disfrutar de una justicia equitativa; los obreros, los campesinos, los pobres de la tierra, identificados por el sudor del trabajo. Se le hace imposible aceptar la injusticia amparada en la tergiversación verbal y su verso adquiere tonos de protesta social ante el espectáculo del ser humano obligado a aceptar unas leyes inicuas que no sólo limitan sus derechos inalienables, sino que determinan su conducta y en última instancia, su propia vida. El poema no ofrece soluciones inmediatas, pero deja claramente establecido, que sólo cuando la equidad sea considerada como base de la justicia podrá lograrse la verdadera igualdad entre los hombres.

A medida que avanzamos en la lectura de los poemas, percibimos un proceso de escisión que va aumentando progresivamente y que terminará en un total desgajamiento entre el poeta y la sociedad en que vive. En el poema "Cuando", la vida es sentida como una "repetición ineludible/de hechos absurdos" (p. 69). El poeta se visualiza rodeado de cifras y de palabras sin sentido. La función del ser humano en la sociedad es la misma que la que puede tener una pieza mecánica en una maquinaria cualquiera. El ser pensante, con individualidad propia, se siente ahogado por un automatismo del que sólo pueden librarse aquellos que hayan perdido la razón. Es por eso que aconseja a su interlocutor: "conviértete en un loco como yo/ríete de todos./Haz lo que te plazca" (p. 69). A través de esa locura aparente va a convertirse de semejante en diferente, porque no quiere ser partícipe de la insensibilidad que le rodea. Sin embargo, ante su actitud de abierta oposición al medio, la sociedad no permanecerá indiferente. Hernández tiene conciencia de ello:

> Y cuando lo hayas hecho
> de seguro
> la sociedad
> te habrá declarado
> culpable
> y necesariamente te condenará
> a ser su prisionero
> de conciencia
> por los años, los meses, los días
> y las horas que te queden de vida. (p. 69)

De que su experiencia ha sido perturbadora deja aquí constancia su testimonio poético. A su denuncia y a su actitud rebelde, la sociedad erigida en juez responde con su implacable castigo. Trágica premonición que se vería cumplida años más tarde, al ser Guillermo Hernández víctima de uno de los detestables actos de repudio puestos en práctica por la oficialidad cubana. Evocando esa terrible vivencia escribe:

> Encerraron
> mi interior en una jaula.
> El insulto se hizo
> compañero inseparable.
> Sobre mi cabeza cayó
> toda la furia acumulada
> de hoz y martillo
> y desvergüenza. (p. 79)

Pero retomemos la trayectoria de nuestro poeta en un punto anterior a este hecho. Volvamos al momento en que él comienza a sentirse invadido por sentimientos de frustración y de alienación. Una vez que la sociedad se erige en juez y lo condena comprueba que está imposibilitado de establecer una comunicación con el exterior. Siente entonces la necesidad de buscar un refugio: "Sublimado/de sentimientos incapaces/... me fui al mundo/de las flechas y las computadoras" (p. 70). Trata de sumergirse en el mundo de la técnica. Pero con los elementos propios de ese mundo introduce súbitamente en el poema, cambiando la imaginería del mismo, una serie de animales, adquiriendo el espacio poético tonos surrealistas en una fantasía que pudiéramos calificar de onírica-infantil:

> y me encontré las cigarras y los grillos
> y las lechuzas y las gaviotas
> y caminé perdido entre las direcciones encontradas
> y tuve a mano los teléfonos
> y los números de las calles,
> ....
> y la gente numerada,
> ....
> y les pedí a las gaviotas
> me llevaran de emergencia
> al único lugar donde
> tiene cura esta enfermedad vieja que hay en mí.
> Y llegué al monte
> y sentí el olor de la tierra
> mezclado con el sudor
> y la yerba, y la lluvia y el amor.

Es un mundo confuso en el que los grillos y cigarras, símbolos de muerte y resurrección al mismo tiempo, se unen a las lechuzas, emblemas de sabiduría y también de muerte, y finalmente a las gaviotas. Estos animales presagian el rito que lleva a cabo el poeta al final del poema. Los animales parecen encontrarse en medio de la inhóspita ciudad en donde él se siente perdido. Ellos conviven con teléfonos que ya no pueden ser usados como medio de comunicación, con calles que no conducen a ninguna parte y con hombres tan deshumanizados y homogéneos, que se distinguen numéricamente unos de otros. El adjetivo "numerada" que califica a la gente, iguala las calles a los hombres, cosificándolos y haciéndolos desaparecer, perdidos en su propia insensibilidad, en medio del cemento y del asfalto. Es por eso que su llamada va dirigida a las gaviotas, que son las que lo trasladan, "de emergencia", a su nuevo refugio: el monte. Tres elementos forman parte integrante del mismo; tierra, sudor y amor. Su lengua poética se llena de las esencias de esa trilogía que representa para él la razón de su existencia; la tierra, que aprendió a amar desde niño en el seno de su humilde familia campesina, el trabajo honrado simbolizado por el sudor y la fraternidad entre los hombres representada por el amor. Las sensaciones olfativas nos retrotraen a un paraje armónico lleno de color y de lluvia purificadora. Es un lugar ideal, verdadero edén que adquiere una dimensión extraordinaria: símbolo de paz, refugio de los procesos temporales, lugar de retiro, de relajamiento, verdadera Arcadia que nos hace sentir la nostalgia de un paraíso perdido.

>entonces me vi frente al arroyo
>en la montaña.
>Allí bebí del agua verdadera,
>vi salir en la mañana el sol
>y descubrí delante de mis ojos
>la maravillosa experiencia del hombre ... natural. (p. 70)

Al colocarse en otra dimensión el poeta crea un espacio de salvación y de refugio. Realiza un acto ritual de purificación, de renacimiento, de reafirmación, en el que muere el ente social, para dar vida al ente universal. El intenso deseo que siente el poeta de huír, de escapar y liberarse de su circunstancia lo lleva a sentir ese anhelo de formar parte de un mundo poético universal que lo libera de su temporalidad y de su propia muerte. Sin embargo, los beneficiosos efectos de esta experiencia única no se dejarán sentir por mucho tiempo porque "how can a human being stand the tension of feeling himself at one with the whole universe, while at the same time he is only a miserable human creature? If, on the one hand, I despise myself as merely a statistical cipher, my life has no meaning and is not worth living. But if, on the other hand, I feel myself to be part of something much greater, how am I to keep my feet on the ground? It is very difficult indeed to keep these inner opposites united within oneself without toppling over into one or other extreme".[1] Esta disyuntiva se comprueba aún más en el caso particular de Guillermo Hernández, porque siendo un ser basicamente social no puede prescindir de las relaciones humanas. Sus cuestionamientos a la sociedad en que vive le han traído como consecuencia la marginación, pero él necesita comunicarse con sus semejantes y ser aceptado por ellos, por eso exclama: "Si tuviéramos el valor/de aceptarnos los unos a los otros/interrelacionarnos..." (p. 71). Si por una parte anhela la fusión con el cosmos, por otra, desea ser parte integrante de la sociedad que le rodea, de esa sociedad que parece distanciarlo cada vez más de sí misma. La problemática que confronta se refleja en los tonos de violencia y de muerte que comienzan a aparecer en el poemario. Su angustia va *in crescendo*:

> Y se murió el bohío.
> ....
> Murió el punto guajiro
> de las tardes doradas
> junto al arroyo.
> Un coro de voces terribles
> está cantando la canción
> de la muerte.
> Los cocuyos no alumbraron
> la noche de la muerte
> y la orgía de luces
> ....
> quemó el olor y el color
> de la esperanza. (p. 73)

Este poema es sintomático. Su tema es la muerte, pero no de seres humanos, sino de cosas; pero con la particularidad de que ellas constituyen la esencia del ser del campesino cubano. La imagen del primer verso es directa y clara. Nos habla de la muerte del bohío. Es una muerte que ya ha tenido lugar y que el hablante poético nos comunica. El bohío es la casa, el hogar del guajiro. Es la morada de un núcleo de personas que constituyen una familia. Al desaparecer el bohío se está sugiriendo la desaparición del grupo familiar, de la célula social. Su muerte implica un vacío difícil de llenar porque el individuo que es el campesino ya no va a estar unido en un mito espiritual, que lo unifique, a los seres de su propia sangre y estirpe bajo un mismo techo.

La otra muerte que se presenta en el poema es, en parte, consecuencia de la anterior. El punto guajiro, que es el canto, el vehículo de expresión poética del campesino cubano, también ha muerto. La tradicional décima con acompañamiento de guitarra que hemos escuchado en boca de nuestros guajiros desde tiempo inmemorial ha desaparecido para siempre. Lo más desolador aquí, es que ese canto individual y único ha sido substituido por "un coro de voces terribles" que entonan la canción de la muerte. En esta horrible noche, la hermosa luz de los cocuyos desaparece, como si los pequeños insectos se negaran, en gesto luctuoso, a alumbrar "la noche de la muerte", que se cierra con el exterminio de todo vestigio de esperanza.

El poeta se ha enfrentado con una realidad inmediata y ha reaccionado ante la pérdida de los que eran valiosos símbolos de nuestra cultura. Su reacción es explicable "for not only has it always been the way of multitudes to interpret their own symbols literally, but such literally read symbolic forms have always been —and still are, in fact— the supports of their civilizations, the support of their moral orders, their cohesion, vitality and creative powers. With the loss of them there follows uncertainty, and with uncertainty, disequilibrium...."[2] Hernández se da cuenta exacta de lo que esto representa, del alcance que tendrá la desaparición de nuestros valores míticos. El hecho se repetía en muchos aspectos de la sociedad porque el gobierno se proponía hacer *tabula rasa* de los valores establecidos desde siempre, de los que constituían la raíz y la base de nuestro sistema democrático, y de nuestra idiosincracia. En su impotencia ante una situación incontrolable su frustración aumenta. El espacio vital en que se mueve se vuelve cada día más estrecho y restringido. La alienación que le produce su extrañamiento del medio social, lo llevará a estados depresivos de enajenación profunda. El poema "Hay una voz", uno de los más logrados del poemario, es prueba fehaciente de lo que venimos diciendo. El espacio poético se convierte en él, en un recinto acústico, en el que el timbre de una voz humana es motivo de tormento y de tortura. La palabra, convertida en sonido personalizado, acosa y persigue al poeta sin tregua. El sentimiento de angustia lo inunda de principio a fin:

>   Hay una voz
>   rebelde y bárbara.
>   Hay una voz
>   eterna y clara.
>   Hay una voz
>   de sueño y de mañanas.
>   Hay una voz
>   gorda y agitada.
>   Hay una voz
>   que está cansada.
>   Hay una voz

> grosera y exaltada.
> Hay una voz
> que es chusma y es extraña.
> Hay una voz
> retorcida y espantada.

Al inicio, en la descripción de la voz se aúnan elementos negativos y positivos, pero a partir del séptimo verso el negativismo es total. Poco a poco, el poema se vuelve espejo que nos devuelve la identidad del ser emisor de la voz. Es un proceso vertiginoso que deja al descubierto la turbia combinación de atributos que forman a este ser tanto exterior como interiormente. El verso: "Hay una voz", que como martillo en yunque, golpea incesantemente, insiste en verificarnos la existencia de esta voz torturadora:

> Hay una voz
> incolora y temida.
> Hay una voz
> de café negro y caños, amarga.
> Hay una voz
> que es atrevida y tiránica.

La repetición se vuelve obsesionante, creando una tensión que aumenta verso a verso y que alcanza su clímax al final del poema, cuando la agresiva voz ataca al autor directamente:

> Hay una voz
> que se cuela en mi cama.
> Hay una voz
> que no me deja vivir,
> que no sabe de palmas y agua clara
> ni de ríos, valles y montañas
> Hay una voz
> que yo quiero sacar de mis entrañas. (pp. 80-81)

La voz ha logrado meterse en su intimidad, aposentarse en lo más profundo de su ser. En medio de ese ambiente alucinante, como en un paréntesis luminoso, se nos presenta un bello y armonioso paisaje. Verdadero oasis que momentaneamente nos inunda de naturaleza, con sus "ríos, valles y montañas", con las simbólicas palmas y el agua clara que fluye suavemente. Es un hecho geográfico que surge convidando a nuestros sentidos a disfrutarlo. El autor nos da a través de él, todo lo que la voz agresora desconoce. Finalmente, volvemos al machacante y angustioso verso en el que el acosado nos expresa su deseo de sacar la mortífera voz de sus entrañas. Es un inquietante poema cuya lectura nos produce angustia, temor y desolación al mismo tiempo.

El punto culminante de todo este proceso nos lo ofrece el poeta en la definición que hace de su propia generación cuando afirma: "Somos el desgarramiento/y la nostalgia" (p. 82). En la brevedad de estos versos se encuentran las características esenciales que llevan a la bifurcación del ser. Una, de rompimiento violento, brutal; la otra, de añoranza por un bien desaparecido. En ambos casos se trata de una pérdida. La intensidad dolorosa del primero y la tristeza evocadora de la segunda, forman las dos vertientes conflictivas de los jóvenes que nacieron en su momento histórico.

Pasemos ahora a considerar otro aspecto de la poesía de Hernández, el amoroso, que se presenta en nuestro poemario en sus manifestaciones de amor erótico y amor filial. La experiencia amorosa lo lleva a sentirse fuera del tiempo, en una eternidad compartida con el hombre de todas las épocas; por eso afirma:

> Corrieron sobre mis sábanas dormidas
> sudores de siglos
> ....
> y enredado entre almohadas
> y silencios
> me fui con las mariposas
> a recorrer el tiempo. (p. 100)

Al principio el amor se presenta como una experiencia renovadora y positiva, pero gradualmente, lo llevará a estados de ánimo que producen sentimientos, en muchos casos, contradictorios y sus poemas se van llenando de sombras, de dudas, de sobresaltos. Si en el poema citado anteriormente se va feliz a "recorrer el tiempo" con la intención de vivir una realidad transcendente que otros que le antecedieron vivieron, pronto querrá recorrer no un espacio y un tiempo cronológico, abierto y sin fronteras; sino el espacio psicológico, fisiológico, interior y limitado, de una naturaleza humana. Con este recorrido pretende llegar al centro, a la zona de la realidad absoluta, a la verdad última que encierra dentro de sí el ser amado.

> ....quisiera
> sentir lo que hay en tus ojos
> meterme en tu expresión

> y salir de dentro de tu piel
>   saber qué tienes detrás
> de la sonrisa.
>   registrar el interior
> de tu anatomía.
> y el misterio de tus órganos,
> llegar donde el cerebro,
>   hacer un alto,
>   y desde allí mirar
>   tu corázon,
> y encontrar tu verdad
> y ver dónde estoy yo,
>   para después
>   salir a través
>   de tus ojos,
>   para reír contigo. (p. 109)

Anulando en su deseo la distancia que los separa, parece desprenderse de su propio cuerpo, de su materia opresora, para en este "recorrido por dentro", penetrar en las profundidades orgánicas del ser amado. Una vez dentro, se instala en su cerebro y, desde allí, como desde una atalaya, contempla su corazón donde radica la verdad. Los términos piel, anatomía, órganos, cerebro, corazón, nos van señalando la progresión de esta penetración que va de lo superficial a la profundo. Durante este recorrido imaginamos el cuerpo sin vida del poeta, sin espíritu que lo sustente, yaciendo en espera de su huésped, en una breve muerte por amor que termina cuando saliendo a través de los ojos de la persona amada, vuelve a alojarse en su propio cuerpo. En la sonrisa que ostenta al final del poema, parece haber comprobado su anhelo de amor correspondido. Este sentimiento, sin embargo, no es perecedero, ya que en un poema posterior la voz lírica afirma:

> Se me murió el amor
> en este viaje
> hacia lo interno.
> Encendí llamas
> injustificadas
> en las esquinas
> de tu configuración
> sempiterna. (p. 111)

Es en este momento de desengaño cuando puede Hernández analizar, estableciendo la distancia necesaria, las causas de un fracaso que traerá como consecuencia el sufrimiento, el desencanto, la soledad. El descubrimiento de esta verdad le lleva a buscar una actividad que le ayude a sobrellevar el dolor y la ausencia. Va a entregarse ahora febrilmente a su escritura:

> Regreso a la carga
> de mi pluma rebelde,
> ....
> y esta vez el cerebro
> como motor ardiente
> impulsa el corazón
> para latir tan fuerte
> que la poesía vuelve a ser mi pan. (p. 112)

Dueño de nuevo de sí mismo vuelve a su quehacer poético. La razón se impone a sus sentimientos. Lamentablemente, el momento de ilusión y entrega total al amor ha quedado atrás, pero él lo llevará siempre en su recuerdo, evocándolo constantemente, anhelando su retorno:

> Esos besos que no he visto más
> que he vuelto a buscar
> que estoy ansiando
> y que no logro encontrar.
> Por eso te espero.... (p. 113)

La reiteración de la espera se vuelve motivo obsesionante de su lírica: "Te espero/en el silencio de estas noches,/te espero...." (p. 114). Lo siente insustituíble y para siempre unido a experiencias lacerantes y amargas. En uno de los últimos poemas amorosos que escribió, lo vemos sumido en una nueva impotencia, el tormento aflora en quejas en las que se percibe un mundo interior desencantado, carente de esperanza. Está transido de un intenso y profundo dolor:

> Me invade
> la tristeza
> estos días de febrero
> colmados
> de hojas
> no descubiertas

> en ningún invierno
> misteriosas hojas
> congeladas en el calor
> del trópico,
> hojas transmutadas
> que no acunarán jamás
> una gota de rocío,
> envenenadas hojas
> que tampoco en primavera
> fueron tales.

Las hojas aparecen aquí como símbolo polivalente de significado negativo. Los adjetivos "misteriosas", "congeladas", "transmutadas", "envenenadas", sustentan el dolor y el patetismo de los días en que se desliza su existencia. El poeta se sitúa en este poema más allá del llanto. De aquella naturaleza tan amada, que le sirvió de refugio y de santuario, poblada de verdor, de agua, de plenitud de vida, sólo quedan estas "congeladas" hojas, creciendo en un trópico inclemente. "Envenenadas", parecen presagiar la muerte. Viéndose condenado a una seca y estéril soledad exclama:

> ....
> y se me acaban los meses
> del pasado y del futuro
> para contarlas.
> El mundo se detuvo
> esta noche de tristezas
> en el segundo lugar de un mapa
> donde no se ha plantado jamás
> el árbol
> de las oblicuas hojas del amor. (p. 117)

Presintiendo el límite de su propia vida, donde la brevedad del presente se reconoce como el único tiempo disponible, nos da la dimensión de lo que este sentimiento ha sido para él, parálisis de su propio cosmos. El poema termina con la imagen del árbol del amor que nunca fue sembrado. El adjetivo "oblicuas", nos ofrece un árbol cuyas hojas no parecen dirigirse al cielo, sino a la tierra. Símbolo, tal vez, de su desesperanza y desamparo.

Sólo en un aspecto de su vida se sintió totalmente logrado, en sus relaciones con sus seres más allegados. Es en el amor filial donde el joven escritor va a encontrar una fuente inagotable de consuelo. Este amor se expresa en su obra en dos direcciones: de un lado, a nivel privado e individual como sentimiento que siente y manifiesta hacia sus padres y hermano; de otro, a nivel general y colectivo cuando ve el amor paterno expresado en la relación padre-hijo, que es, en cierto modo, una variante del amor filial. Esto se comprueba en su ensayo sobre *Ismaelillo* de Martí y en el poema "Canción de cuna de un padre exiliado a su hijo".

La lírica de Guillermo Hernández es rica en temas, todos ellos dignos de la mayor atención de la crítica, pero como dije al comienzo de este trabajo me he limitado, al trazar su trayectoria poética, a los dos temas que considero fundamentales en ella. Su poemario es breve, pero intenso; como lo fue su vida. En su poesía lo conceptual aparece siempre unido al sentimiento. La palabra es reflejo fiel de la imagen subjetiva, uniéndose ambas armoniosamente. Su contribución a la literatura cubana es invaluable porque ofrece claves esenciales para el mejor entendimiento de su generación.

Guillermo Hernández afrontó con aplomo y valentía su destino trágico. Al partir nos dejó un invaluable legado, su canto. A través de él, se sobrepone a la muerte.

NOTAS

1. Carl J. Jung, *Man and His Symbols*, (New York: Dell Publishing Co., Inc., 1968), p. 236.
2. Joseph Campbell, *Myth to Live By*, (New York: The Viking Press, 1970), p. 10.

POESÍAS

REFLEXIONES PARA UN FINAL

TÉRMINOS Y... "TÉRMINOS"

En el proceso penal y contencioso
siempre hay dos partes...
siempre un litigio...

El cálculo económico
las prohibiciones en el matrimonio
derecho sustantivo
sujeto de derecho
negocio jurídico
garantías constitucionales.

Estoy entre términos... y "términos"
me agobian las palabras...
y "palabras."

¿Cuándo encontrar la luz
entre estos libros?

¿Cuándo sentir que de veras
aplican estos términos?

¿Cuándo servir al amor
con fuerzas vivas?

¿Cuándo entregar estos términos
hechos equidad?

No la que se dice
muy fácil
desde unos labios sutiles,
sino la que es de todos
si se habla de riqueza,
o la que se lleva
en el color
de la camisa sudada
en la pobreza.

CUANDO...

Cuando las cosas
rutinarias
te llenen de hastío,
cuando encuentres que la vida
se convierta en repetición ineludible
de hechos absurdos,
cuando no halles a tu alrededor
mas que cifras y palabras ya dichas,
cuando repitas las mismas cosas
a las mismas horas, los mismos días,
cuando tus ojos no vean
otros colores que no sean los
establecidos;
entonces,
conviértete en un loco como yo,
ríete de todos.
Haz lo que te plazca,
camina por los senderos
que siempre has querido.
No lleves la contabilidad
y di palabras nuevas
que para otros no tengan
sentido.
Y cuando lo hayas hecho,
de seguro
la sociedad
te habrá declarado
culpable
y necesariamente te condenará
a ser su prisionero
de conciencia
por los años, los meses, los días
y las horas que te quedan de vida.

SUBLIMADO

Sublimado
de sentimientos incapaces;
incapacitado,
de sentimientos sublimes y ridículos,
ridiculizado por incapacidades sublimes,
me fui al mundo
de las flechas y las computadoras
y me encontré las cigarras y los grillos
y las lechuzas y las gaviotas
y caminé perdido entre las direcciones encontradas
y tuve a mano los teléfonos
y los números de las calles,
y los nombres conocidos de las casas
y los lugares de siempre
y la gente numerada,
pero no llamé.
O mejor, sí llamé
y les pedí a las gaviotas
me llevaran de emergencia
al único lugar donde
tiene cura esta enfermedad vieja que hay en mí.
Y llegué al monte
y sentí el olor de la tierra
mezclado con el sudor
y la yerba, y la lluvia y el amor.
Y cuando estaba a punto
de despertar de mi viaje
y cuando creí tener que
acudir al "sistema plástico computarizado"
que me ahoga
y a la denominación
del mundo espacial, para tomar
una tableta que calmara mis nervios,
entonces me vi frente al arroyo
en la montaña.
Allí bebí del agua verdadera,
vi salir en la mañana el sol
y descubrí, delante de mis ojos
la maravillosa experiencia del hombre... natural.

SI ANDANDO POR...

Si andando por
los árboles y ríos
pudiera llegar hasta las flores rojas.
Si ellos pudieran ver el color
de las palomas,
los granos de trigo,
si encontraran el último caracol
y las aguas del mar en su inquietud.
Si el sol llegara hasta
el centro mismo de la tierra
donde están los tesoros metálicos
buscados por los siglos,
anhelados por tantos.
Si los árboles, los ríos,
las flores y el trigo
y el mar y el sol
y las palomas
y el último caracol
y los tesoros y yo, aquí,
queriendo amarlos,
nos encontráramos.
Si tuviéramos el valor
de aceptarnos los unos a los otros
interrelacionarnos, no como
fórmulas químicas,
sino como seres de amor,
entonces
la humanidad entera
lanzaría un grito gigante
de felicidad
como éste,
que mi corazón lanzó ayer,
cuando un ser humano
me aceptó tal como soy.

CREO

¿En qué se puede creer
en estos tiempos?
Sólo la esperanza queda,
prevalece,
de que Dios no esté perdido
para la gente que camina
por las avenidas
entre luces de mercurio
y autos del último modelo.

Yo, un simple ser
puedo decir que creo
y lo más importante,
lo que nadie esperaba
que dijera yo,
después de todo,
creo en el amor,
en Dios,
y es suficiente...

A UNA NATURALEZA CAPRICHOSA

A una naturaleza caprichosa
alteraciones y mutaciones
no le harán llegar reforma verdadera,
en consecuencia
sólo queda como refugio el pasado.

Que no hay derecho a creerlo
distinto al presente...

Presente vertido en obstinada concisión
en los cambios del TIEMPO.

Y SE MURIÓ EL BOHÍO

Y se murió el bohío
en cuyos jardines
sembré aquellos galanes de noche.
Murió en una tormenta
de tractores
y cercas.
Murió la noche
en que inauguraron
la orgía de las luces
en los edificios.
Murió la tabla de palma
y el guano lleno de humo
y de ceniza
cuando llegaron
los elementos prefabricados
fríos, secos, impersonales.
Murió el punto guajiro
de las tardes doradas
junto al arroyo.
Un coro de voces terribles
está cantando la canción
de la muerte.
Los cocuyos no alumbraron
la noche de la muerte
y la orgía de luces
en los edificios
quemó el olor y el color
de la esperanza.

SOBRE TU CABEZA

Sobre tu cabeza
volarán palomas transformadas en escarabajos
en el día del acontecimiento
que esperamos.
Ya no podrás volver
con tus palabras vacías.
Ya no habrá plazas
que acunen tus discursos.
Los traidores
te darán ese último adiós
que nosotros te negamos
y te irás envuelto
en tu manto de odio.
Después de ti
la tierra se abrirá
y desde dentro
un rayo de luz
irá hasta la noche
eterna
y despertará al sol.

EL MIEDO

A Virgilio Piñera

El miedo
se apoderó un día de nosotros
nos fue comiendo
los deseos y las intenciones,
las pequeñas alegrías
y los momentos sublimes.
El miedo
devoró hasta las células
diminutas partículas
que no pudieron resistirse.
El miedo
destruyó al Supremo,
al Todopoderoso,
al Omnipresente,
al Omnisciente,
que algún día habitó entre nosotros.
El miedo
se fue apoderando
de nuestras casas,
de los músculos de la cara
y de las ropas:
las camisas, las blusas,
las faldas, los pantalones,
todo se llenó de miedo
de la noche a la mañana.
La comida era saboreada con miedo
y el miedo se convirtió en el alimento
que comíamos con miedo.
El agua tuvo miedo
y no llovió.
Pero, entonces, vino
un aguacero de miedo
que inundó las calles y las casas
y arrasó con lo que quedaba erecto,
con lo que no temblaba.
Un ciclón de miedo

comenzó entonces
a sacudir el trópico
y a falta de terremotos
se hicieron presentes
miles de rabos de nubes
y ciclones plataneros
y ciclonetes y cicloncillos
y toda clase de huracanes
más pequeños, más grandes.
Y ya todo tembló
y continuó temblando
para siempre.
Y el mar que nos rodeaba,
infernal,
empezó a girar en un temblor incontrolable,
remolinos de mar,
ras de mar, digo, de miedo,
balsas flotando,
en un estrecho
que se llamó desde entonces:
"El Estrecho del Miedo."
El miedo
siguió su tarea
y dividió,
cercenó,
creó fantasmas y fantasmitas.
Comenzaron a darse a conocer
visiones, luces,
apariciones por doquier,
voces temblorosas
en la noche.
La gente comenzó a huir
en manadas,
huir del miedo
y el miedo se fue con ellos para siempre,
caminaba con ellos,
los torturaba.
El miedo
desveló a la gente
les quitó el sueño a muchos,

desesperó a los más débiles,
miles murieron atacados por la plaga.

Hubo entonces un hombre
que escribía poemas
y cuentos y teatro
y personajes llenos de miedo.
El hombre sentía miedo
vivía acorralado y triste.
En lo callado de la noche
sacaba a pasear sus obras
y sus personajes
se fueron corriendo.
Volaron como hojas
y cruzaron los mares.
Se conoció que el hombre
tenía miedo y esto
provocó el pánico
en los que lo perseguían.
Lo asediaron,
se achicó su mundo
al pequeño apartamento
y a la fila temerosa
esperando el plato
con el alimento miedoso.
No resistió
y un día murió
de un ataque de miedo.
Guardaron, escondieron rapidamente
su cadáver, por miedo
a que se levantara.
Era tétrica la historia
del hombre
y cuando bajó al sepulcro
comenzaron a subir,
como el éter,
sus personajes amados
en una resurrección
que escenificaba
en el cielo un teatro pasmoso

y escalofriante.
Y voces se oyeron,
y gritos y palabras,
y fantasmas
y sueños.
Y dijo uno de ellos:
¡Aquí se acabó el miedo!
¡Ven, vamos a matarlo!
Y todos juntos estrangularon
al miedo que chorreaba
esperma y lágrimas de aceite.
Entonces, aquel hombre
salió del sepulcro
para siempre.

ENCERRARON MI INTERIOR EN UNA JAULA

Encerraron
mi interior en una jaula.
El insulto se hizo
compañero inseparable.
Sobre mi cabeza cayó
toda la furia acumulada
de hoz y martillo
y desvergüenza.
El cinismo
paseaba cerca de mis ojos.
Vi mis ropas mugrientas,
llenas de sol y sudor.
Ya todo pasó.
Desperté sobre mi pelo
pegajoso
un día de mayo
en Key West, U.S.A.
¿Dónde quedó mi libro de notas,
dónde el lápiz,
qué se hizo mi perro
y la mata del patio,
y el librero,
y la guitarra de juguete?
¿Dónde estarán los papeles
que escribí de noche?
¿Qué fue de las fotos
y del radio,
de las rosas del portal
y del taburete?
Mi almohada,
¿tiene aún olor a mí?
Pregunto y no hay respuestas.
El verdugo del silencio
sí contesta,
sentado desde un Cadillac
de asientos reclinables
camino del "American Way of Life."

HAY UNA VOZ...

Hay una voz
rebelde y bárbara.
Hay una voz
eterna y clara.
Hay una voz
de sueño y de mañanas.
Hay una voz
gorda y agitada.
Hay una voz
que está cansada.
Hay una voz
grosera y exaltada.
Hay una voz
que es chusma y es extraña.
Hay una voz
retorcida y espantada.
Hay una voz
incolora y temida.
Hay una voz
de café negro y caños, amarga.
Hay una voz
que es atrevida y tiránica.
Hay una voz
inclemente que no sabe nada,
insípida voz bárbara.
Hay una voz
de eterna madrugada.
Hay una voz
de papeles sin guitarra.
Hay una voz
de guitarra desconflautada.
Hay una voz
de plumas y palabras.
Hay una voz
que habla y no dice nada.
Hay una voz
que no oye y que reclama.
Hay una voz

que no contesta si la llaman.
Hay una voz
que no dice nada,
que nunca dice nada
y cuando dice algo
es terriblemente, fea y agria.
Hay una voz
que se cuela en mi cama.
Hay una voz
que no me deja vivir,
que no sabe de palmas y agua clara,
ni de ríos, valles y montañas.
Hay una voz
que yo quiero sacar de mis entrañas.

SOMOS SUPERDOTADOS

Somos superdotados
de un tiempo,
somos el silencio
en algarabía,
somos las palmeras
rendidas a la luna.
Somos la arena
y dos alas explotando
en un mar de ternura.

Somos el desgarramiento
y la nostalgia,
somos el aire
de un día que termina.
Somos lo que nunca
será más que inocencia,
cobardía de calles,
enterrados sobre el mar.
Corazón que se pierde
solo en la noche.
Somos como fuimos ayer
pasajeros rebeldes
de un tiempo que se fue,
de un tiempo que
está por venir.

A Benny Moré

Con la tristeza
de los años perdidos
a la sombra de playas extrañas
me iré un día
a Manzanillo
para pescar la luna y el mar.
Llegaré sin anuncios
sin mayores vítores
con la tranquilidad de encontrar
las aguas tibias
de los siglos
esperándome.
Con la tristeza
de mis sueños rotos
besaré aquellas playas
que me maravillaron.
Buscaré caracoles
que enseñar a mis hijos
nacidos lejos.
Iré allí algún día
después de la tormenta,
se saciarán mis ojos
que, cansados de buscar
aquel paisaje,
no encontraban otra respuesta
que la árida expresión
de lo ajeno.
Iré a Manzanillo
y pescaré la luna y el mar,
y se la llevaré de regalo
a la Virgen
que está al pie de las montañas.
Después
disfrutaré
en la noche
de una maravillosa luna
sobre Matanzas.

ANOCHE SOÑÉ

Anoche soñé
que mi esperanza
no estaba muerta, mas fue sólo un sueño.
Anoche iba yo por un camino
ancho, verde, abierto,
rebelde, de pronto,
en fin, al mar.
Regresaba al punto de partida
y es que, no sé...
Acostumbro viajar
en esos sueños míos,
y en mis visitas,
me voy al monte y a las catedrales
y a los ríos y al parque
donde un día
eché un barco de papel
en una fuente subversiva.
Pero el sueño de anoche
fue algo diferente, tuvo algo especial.
Anoche los corales y las mariposas
cantaban a mi paso,
anoche las olas me llevaban
contentas,
anoche tras de mí,
miles de personas
navegaban
el viaje más deseado
de sus vidas.
Anoche mi viaje
no tenía regreso.
Anoche vi por primera vez
hermosas las playas
a las que vine un día.
Anoche
se encandilaban en mí
el verde de la costa y el azul,
y el blanco y la esperanza
y cientos de personas

me esperaban y lloraban,
reían, y vi ante mis ojos
asombrado a un pueblo entero
que remando con todas sus fuerzas
se llevaba una isla
a pasear por el mundo.
Después, con mi esperanza rota,
desperté.

DESCRIPCIÓN DE UN PRODUCTO NEOYORKINO

Lugar: Nueva York.
Epoca: Noviembre 1984.
Estación: Otoño.
Temperatura: 20 grados centígrados.
en el medio ambiente con
100 grados de fiebre en la sangre.
Edad: 15 años.
Nombre: Juan Carlos.
Hobbie: Cocaína,
aunque también podría ser
heroína o metaqualode.
Estatura: 5' 8"
Ojos: Café.
Se vende un producto
genuino de Broadway
fabricado en W. 42 St.
y 8a. Ave., elaborado y
envasado en New York City
The big apple.

CAMINO SOBRE MANHATTAN

Camino sobre Manhattan
de noche.
Un árbol acaba de perder
su última hoja,
se acerca la nevada.
La calle cuarenta y dos
vende al por mayor
esta madrugada.
El viejo subway cruza la noche.
Hay un cartel lumínico
que anuncia sexo
a precios especiales.
Yo camino sobre Manhattan
cámara en mano
y el foco se encandila
con las luces de Broadway.
Un limousine negro
se detiene en el Palace,
una luz cae al suelo desde
lo inevitable de un rascacielos
neoyorkino,
y un niño de dieciséis años acaba de venderse.

EN EL 450 WEST 5TH AVENUE

En el 450 West 5th Avenue
Manhattan
hay una oficina
con un cartel en la puerta,
un guardia de seguridad
no permite el paso.
En el 450 West 5th Avenue
Manhattan
sede diplomática
ante las Naciones Unidas.
Rimbombancia, guardias
y un cartel que no
permite el paso.
No hay banderas
por miedo a las bombas.
Hay palabras que son bombas
que ofenden a las banderas.
Un viejo coche de caballos
me pasea por Manhattan
y se detiene en 450 West 5th Avenue.
Un cartel puede leerse:
EMBAJADA DE LA REPUBLICA DE CUBA
ANTE LAS NACIONES UNIDAS.

YO DENUNCIO

Yo denuncio ante los ojos del mundo
la ciudad de Nueva York.
Yo denuncio mis sueños
traicionados.
Yo denuncio mis hermanos
perdidos en el mar.
Yo denuncio una rosa
que se perdió en el silencio.
Yo denuncio tu amor.
Yo denuncio las nubes que bloquean
mis ojos.
Yo denuncio hasta al sol
que me quema en el verano.
Y a mí me han denunciado
los corazones rotos, los mediocres,
los tiranos, los imbéciles, los faltos de fe,
los que no pueden entender
que yo denuncio hasta la nube naranja
que amo tanto.

A Mercy Ares, para Andrés, Alina y Alberto

LA CALLE 8

La calle 8
puede resultar pequeña
para acunar sueños
esta noche exiliada
de Miami, agosto de 1987
cuando un corazón
se está quemando
sobre la yerba,
noventa grados de euforia
y mil de esperanzas.
El aguacero limpia
la calle, y mi carro avanza
por la avenida amplia,
parece que vamos a llegar.
Una gota de amor
va hasta el corazón
sobre la yerba,
y al llegar a casa
la Giraldilla del afiche
de este cuarto-oficina
hizo rodar una lágrima,
luego sonrió,
para después dormirnos
junto a un caracol arrullando.

ME HAN CORTADO LAS HOJAS DEL CORAZÓN

Me han cortado
las hojas del corazón
como al árbol
que le arrancan la vida.
Sin piedad
me descarnan el alma
se me quema el amor
me destroza por dentro
me desgarra por fuera
esta ansia de ser libre
rodeado de cárceles.
Siento que retrocedo,
cada día
pierdo la fe
y actúo como una máquina.
Me visto como un payaso
para salir a escena
y no nace de dentro,
todo es como una máscara
que se lleva por fuera.
sonrío a la gente
por dentro estoy llorando.
Sin embargo, pese a todo
aún trato de esforzarme
y reír a la vida.
Aún creo en el amor,
en mí, en la causa
que me mantiene en pie,
y es suficiente.

Y CUANDO AMANECIÓ

Y cuando amaneció
en paz
el hombre se asustó.
Había desaparecido
el último tirano
del último reino
de la última esfera
del último millón
de la última aventura
del último descubrimiento
de la última guerra
del último planeta
de la última nave espacial
del último colonizador
de la última colonia
extraterrestre.

VIVO MINUTOS INTENSOS

Vivo minutos
intensos
que para mí son años
y me lleno de fe
con quienes me comprenden
y me lleno del amor
que he perdido en el día,
tan sólo en unos minutos
me lleno de amor.

Al menos ese amor
recuperado
como se recuperan
las defensas del cuerpo
cuando ha pasado el virus
al menos ese amor
me sirve para seguir
resistiendo.
Hasta...
lograr ser libre
aquí donde estoy
rodeado de libertad.

NEGRO DE BEMBA AL REVÉ

Negro de bemba al revé...
y de oreja remangá,
tú te pone a etá jablá
caramba sin tú sabé.

Tú dice que la guacate
ete año no parió,
que tu negra se embembó,
que etá podío el tomate.

Será que ha llovío poco
serán los vientos quizá,
serán las aguas tal vé...

Negro de bemba al revé
y de oreja remangá
caramba, no sé pó que
tú te pone a etá jablá
caramba, sin tú sabé.

Negro de bemba al revé
y de oreja remangá,
vete a la universidad
y etudiate allí el po que.

Jate agrodimensó,
jabla de la gricultura
y te pondrás a la altura
que quiere tu explicación.

Pero sin sabé, mi negro,
con derecho de sabé,
¡Eso no lo aguanto yo!

Y cuando te vea otra vé
jablando tanta sandé,
te digo:
Negro de bemba al revé

y de oreja remangá,
déjate de etá jablando
caramba, sin tú sabé,
Negro de bemba al revé
y de oreja remangá.

En un viaje al campo. Santa Clara, Cuba. Agosto 14, 1977.

NEGRITA QUE PIDE DULCE

Dame un coquito
mi negra santa
voy a hacer dulce
mi negra santa.
Dame un coquito
que tenga masa
¡ay! pa dos santos
que tengo en casa.
Dame un coquito
de miel de abejas
que es pa curar
a tu negra vieja.
Dame un coquito
mi negra santa
y yo te curo
con agua clara.
Dame tu sueño
pa' mi esperanza.
Yo te daré girasoles
por las montañas.
¿Quieres un dulce
mi negra santa?
Hoy tengo dulce de calabaza.

TUMBA QUE TUMBA

Tumba que tumba
la tumba tumba
tumba tumbamba
tumbambambara
tumba la tumba
de la rumbamba.
Rumbamba y bemba
que tumba caña.
Caña que tumba
la rumba bárbara
sabor amargo
de rumba y tumba.
Se fue tu sueño
por el camino
que va al ingenio
que ya no canta
la tumba tumba
tumba tumbamba
murió en el sueño
de rumba y caña.

TEJE Y MANEJE

Con el teje y maneje
del exilio
se me ha olvidado
el recado que me dieron
en Matanzas
y ando triste
porque Macorina ya no me pone
la mano aquí.
Con el teje y maneje
del exilio
me he puesto viejo
y ya no me acuerdo
dónde dejé la múcura.
Creo que estaba en el suelo,
pero ¡Ay, mamá! no puedo con ella.
Con el teje y maneje
del exilio
se me ha creado una confusión
que ya no sé
que ruta iba a Jacomino.
¿Te acuerdas del Bobo de la Yuca?
Creo que por fin se casó
y vive por New Jersey.
Ah, y María la O
se fue a Europa,
pues le ofrecieron
muy buen trabajo en La Scala de Milán.
Ay, vieja, con el teje y maneje
del exilio
no sé dónde estará
el cochero aquel
que no quería parar...
y esto no se me puede ir.
Sabes que me asaltaron
y me robaron los aretes
que le faltan a la luna
que los tenía guardados
en una gaveta en casa

y me los puse para ir
al Baby Shower
de la hija de mi amiga Claribel,
que te cuento,
está igualita.
Pero bueno,
con el teje y maneje
del exilio
he inventado
el café con espumita
y la llamada pa'trás
y el Spanglish
y una ciudad cubana
encaramada en un pantano,
para pantalón y saco
traigo percheros baratos.
Bueno, te dejo,
me estoy acordando
del recado de Matanzas.
¿Sabes quién viene por ahí?
"El Caballero de París?"

SE APARECIERON MARIPOSAS

Se aparecieron mariposas
en mi casa
el año nuevo.
Corrieron sobre mis sábanas dormidas
sudores de siglos.
Un día más,
un día cualquiera,
el día primero,
vino a mi corazón
un viejo sueño
y enredado entre almohadas
y silencios
me fui con las mariposas
a recorrer el tiempo.

ME MIRASTE

Me miraste...
tu mirada se clavó en mis ojos,
yo, entonces, dejé caer
al jardín una almendra madura.
Me arrastró la confianza
de aquella sonrisa
y he sentido latir
más fuerte y más alegre
el corazón.

ESPUMA DE AZÚCAR

Espuma de azúcar
sal, amanecer,
ilusión, fantasías, mar, abierto mar
caracol que regresa
cobija de árboles
concierto feliz de aves
que antes no fueron tales...
desayuno de mar,
sal que aparece
desde adentro
de nuestras vidas...
Llegamos.

REQUIEM POR LA MADRUGADA

El amor
es una madrugada
que se despierta sobresaltada
en espera de una cita.
Acaba de aparecer
un corazón quemándose
al sol
sobre la yerba.
Murió al amanecer, la noche,
corta,
para vivir a dos.

SI ME PREGUNTAS

Si me preguntas
qué he hecho
estos últimos días
con un tiempo sin horas,
con estas horas sin programas,
quizás no te responda
o quizás te haga ver
que he vivido
esperando
una ventana llena de caracoles
cantando un himno
junto a un muñeco de peluche,
lleno de amor y trasnochado.

POESÍA, AMOR, PAZ

Hoy quiero decir
POESÍA, AMOR,
PAZ.
Eso quiero decir
y si no me dejan decir eso
NADA.

ASIMILÉ MI CUERPO

Asimilé mi cuerpo
a extraviarme
en las noches.
Me llené de candores innecesarios.
Caminé por la lluvia
en franco reto.
Me sentí sublimado
sobre un cataclismo
de árboles vencidos,
eché a correr
velozmente.
Detrás de mi,
ruedas dentadas
y luces de mercurio
marcaban el silencio.
La vida comienza
cuando nazca una pequeña flor,
en marzo.

EL

No importan los colores
ni las fuerzas
de aparentes potencias.
Nada podrá
al empuje del amante.
Todo caerá
a los pies de lo sereno.
No habrá mentira que lo sobreviva.

TE COMPRENDO...

Te comprendo
tus cosas
y tus regaños
tiernos,
te comprendo esos sueños
que yo velo contento,
te comprendo esos besos
robados, pero dulces,
te comprendo
esas escapadas
que me hacen amarte más,
te comprendo
la risa que esbozas,
ora alegre, ora feliz,
te comprendo
esa piel quemada de la playa,
te comprendo tantas cosas
que no quiero decirte...
que es mejor callar
aquí en el corazón,
pues así,
te comprendo...

ESCRIBO UN POEMA

Escribo un poema
mirándote feliz
íntimamente siento
que soy quizás dichoso.

¿Y es que acaso
sentirías tú felicidad
si fuera así?

¿Es que serías capaz de sufrir
por mi sonrisa?

¿O regalarme una de las tuyas
para adornar mi vida?

¿O encontrar que es hermoso
escribir estos papeles,
mientras los profesores de literatura
afirman que soy el peor,
cursi y enfermizo
aspirante a poeta?

LAS OLAS

Las olas me regalaron
la sonrisa
de unos labios cargados
de alegría
y el amor se apareció,
de pronto,
entre las piedras, las yerbas
y el carbón.

Quizás habría sido distinto
en otra parte,
pero el encanto de las mariposas
no pudo esta vez
contra la suerte
de una ilusión contenida
junto a las barreras.

La piedra
sembrada en tierra firme
florecerá y dará frutos
al amor
y al llegar el invierno
calentará nuestros cuerpos
y entonces,
podremos devolverle
a las olas
la sonrisa de unos labios
cargados de alegría.

CUÁNTO COSTÓ NUESTRA ESPERANZA

Cuánto tiempo
anhelando estas horas,
cuántas horas sufriendo
por este tiempo.
Cuánto amor despedazado
en las esquinas,
cuánto corazón hecho piedra
junto al mar,
cuánto mar separando
este momento.
Cuánto horror enjaulando
nuestras flores,
cuántas flores sin una mariposa,
cuántas mariposas
buscando un néctar inexistente,
sin sabor,
sin libertad.
Cuánto azul y coral
encendió nuestras vidas,
iluminó nuestra esperanza,
y nos abrió a la vida.
Cuánto costó decir
después del llanto,
del terror de la fiera
y de la herida,
que en el cielo y la tierra
para los hombres libres
como aman las rosas,
nos amamos.

SI YO PUDIERA

Si yo pudiera
unir sobre tus ojos
las palabras enredadas
de mi piel,
entrecruzar el mar sobre mis poros,
llenar de azúcar las horas saladas
de tu almohada,
hacer felicidad, vencer un reto,
llenarte de emociones diferentes,
regalarte sonrisas
sobre el llanto,
amor en la tormenta.
Si la calma no aparece
sobre mis sábanas
enfrentar prejuicios y odios,
asperezas sutiles,
decir siempre sí
cuando el amor demanda.
Si yo pudiera,
si lo logro,
pase lo que pase
te amaré por siempre.

RECORRIDO POR DENTRO

Cuando tú llegas
es difícil decir no,
no puedo resistirme
      a tu mirada.

Sin embargo, quisiera
sentir lo que hay en tus ojos,
meterme en tu expresión
y salir de dentro de tu piel,
    saber qué tienes detrás
    de la sonrisa,
    registrar el interior
    de tu anatomía
y el misterio de tus órganos,
llegar dónde el cerebro,
    hacer un alto,
    y desde allí mirar
    tu corazón,
y encontrar tu verdad
y ver dónde estoy yo,
      para después
      salir a través
      de tus ojos,
      para reír contigo.

HIERBAS VS. ESPINAS

Amar
no es triste
si tú estás
para alegrar los ratos
cargados de sonrisas
y retozos
aquí donde miramos
con amor
significa un desafío
y donde, sin embargo,
las hierbas que pisamos
que tienen sabor a viejos sudores,
a sangre y a cemento,
todo lo saben,
y cuando tú estás junto a mí,
las ves desde
la privilegiada posición
de esta ventana
por donde entra un aire
que nos dice
miles de poemas y esperanzas.
Sé que ellas
nos miran y se ríen
al ver nuestro
secreto de amor
que sólo
la ceiba conoce
y que escondemos
de la espina
que crece
junto a ellas.

SEGUIR ASÍ NO PODEMOS

Mas, cuando
se vive así como vivimos
hay la necesidad
de amarse tanto
que no podemos seguir así,
vivir como vivimos
sin amarnos
como tú y yo
nos amábamos.

SE ME MURIÓ EL AMOR

Se me murió el amor
en este viaje
hacia lo interno.
Encendí llamas
injustificadas
en las esquinas
de tu configuración
sempiterna.
Corrí hacia tu calor,
ya todo había terminado.
Tus placeres
de fiesta
comenzaron a tornarse
tristes el viernes
por la tarde.
Tu camino murió.
Se apagó tu sonrisa.
Todo termina
el domingo en la noche.
Regresa él.
Tu viaje termina.

REGRESO

Regreso a la carga
de mi pluma rebelde,
vuelvo otra vez
desde esta ausencia vieja,
no conozco el papel
y las palabras
se me hacen enredadas
y difíciles.
Las busco por las noches
entre sueños.
¿Dónde he estado este tiempo?
¡Cuánto sueño traicionado,
cuánta ilusión perdida,
cuánta mariposa que no tuve en cuenta!
Pero ya he regresado
desde un tiempo enfermizo,
y esta vez el cerebro
como motor ardiente
impulsa el corazón
para latir tan fuerte
que la poesía vuelve a ser mi pan,
mi desayuno.
Esos momentos agridulces
que la pluma te entrega
serán el alimento
que ennoblezca mi vida,
serán la nutrición
de estos sueños al pairo,
de esta carga que vuelve
para quedarse en mí.

POR AQUELLA NOCHE, PORQUE TE AMO, TE BUSCO

Amarte
como te he amado
aquella noche
ese es el sueño
de esta vida
que es toda tuya
como fueron míos
los besos de tu boca
bajo la luna clara
de un día de verano.
Esos besos que no he visto más,
que he vuelto a buscar,
que estoy ansiando
y que no logro encontrar.
Por eso te espero
y así callado, yo
te estoy amando.

¿VOLVERAS A BUSCARME?

¿Volverás a buscarme
para caminar al futuro
desde nuestras almohadas?
¿Te encontraré de nuevo
sobre una estrella
en una noche lluviosa,
o estarás detrás de una nube
en un eclipse de luna?

¿Vendrás acaso
a encajarte en mi mirada
y llenarme de risas
como antes?
¿Me abrigarás en el invierno
para evitarme el frío
y el dolor de mi pecho?

¿Te entregarás a soñar conmigo
sobre la esperanza y la vida?

Nuestras vidas
unidas.
Quizás enredadas en el tiempo
difícil, tiempo de amor,
construcción con su base
en la inocencia.

Te espero
en el silencio de estas noches,
te espero
en mi agitada concepción de los días,
te espero
sobre la espuma del mar
y sobre el puente,
ante la arena y el silencio
de las calles que pasábamos juntos,
te espero ya sin llantos
en la quietud de mi dolor callado.

Para que tú no sufras,
te regalo mi espera.

Sin saber si algún día
volverás a buscarme,
para caminar el futuro
desde nuestras almohadas.

EL YO QUE TIENE QUE SER

Pensé morir
cuando todo acabó,
pensé caer
al final del camino,
pensé que era el vacío
después de estar tan lleno,
pero nada termina
sin dejar enseñanzas
y al pasar por mi vida
me dejaste una huella.
Aprendí a valorarme
porque hoy todo empieza
y no hay caminos rotos
porque en este renacer
mis caminos comienzan.
Todo es verdor y esperanza
a mi alrededor
y del dolor de perderte
saqué mi lección:
te vicié de cariño
y fui un tonto, el culpable,
el único culpable,
por haberme entregado.
Sólo que ya ha pasado
y soy de nuevo yo
como debí ser siempre,
el yo que se respeta
y con su ahinco lucha,
el yo que se valora
y con su lucha triunfa,
ese yo optimista
que piensa en una rosa,
ese yo que hay que respetar.

ME INVADE LA TRISTEZA

Me invade
la tristeza
estos días de febrero
colmados
de hojas
no descubiertas
en ningún invierno,
misteriosas hojas
congeladas en el calor
del trópico,
hojas transmutadas
que no acunarán jamás
una gota de rocío,
envenenadas hojas
que tampoco en primavera
fueron tales.
Me invade febrero
estos días de tristeza
abrumados de hojas
que vuelan,
llenas del asfixiante
polen robado,
cayendo sobre las cabezas
de los que transitan
estas calles febrerinas
en busca de alguna
esperanza.
Me invaden
estas hojas tristes
en febrero
y se me acaban los meses
del pasado y del futuro
para contarlas.
El mundo se detuvo
esta noche de tristezas
en el segundo lugar de un mapa
donde no se ha plantado jamás
el árbol
de las oblicuas hojas del amor.

EL PRIMER DÍA DEL ÚLTIMO MES
A ti mami, con todo el corazón

Pasa el invernado día
de diciembre,
el primer día
del último mes del año,
se viste de rosas
tu cuerpo sincero, tus canas blancas
se alegran
con el aire,
y tus manos callosas
me acarician en la tarde,
y hoy te veo
más bella que nunca,
porque hoy,
madre mía,
tus años reverdecen
cuando sueñas
con la muñeca que nunca tuviste,
en tu nuevo aniversario,
el primer día,
del último mes.

CARTA

Papi:

      Hoy tus hijos no están contigo.
Sin embargo, yo sé que estoy allí
donde sufres la furia de las bestias
y mi hermano está allí,
acariciando tus ojos y tu pelo
y besamos tu sien y tus canas.
Jugamos contigo como hace años
en tu pecho por las mañanas
los domingos.
Sé que tú estás triste
quizás mirando el librero,
las sillas vacías en el comedor,
las camas tendidas donde nadie durmió anoche,
la maquinita de juguete.
Quizás en un campo de concentro
te humillen y te vejen
¡bestias salvajes!
Pero tú estás conmigo
en un pedacito de mi libertad
y me siento en tu pecho retozando
poniendo en tu corazón esta cartica
de éste, tu niño grande
que siempre va contigo,

Guille

CANCIÓN DE CUNA DE UN PADRE EXILIADO A SU HIJO

A Eugenito D'eschamps

¿Te besaré
en tu carita alguna vez?
¿Jugaré con tus carritos
y tus caballitos de palo?
¿O será demasiado tarde para mí?
¿Buscaremos juntos las estrellas
y la Osa Polar y el carrito del cielo
o ya no habrá para mí
oportunidad de jugar a los sueños
contigo?
¿Acaso te harán un "hombre nuevo"
que odiará a su padre
"traidor," "capitalista" y otros
epítetos que de mí te enseñarán?
¿O dejarás tus carritos y tus
caballitos de palo para
jugar con balsas que atraviesan
el océano?
Y serás marinero de libertad
que juega a los escondidos
con los guardacostas.
Los guardacostas disparan,
disparan de verdad.
Disparan.
Ten cuidado,
mi niño de carritos
y caballitos de palo,
mi niño de cartas y de sueños
y aprende bien donde está
la Osa Polar.
Algún día jugaremos juntos
la geografía agridulce
del motivo de vivir.

CUANDO LLEGUE EL MOMENTO

Cuando llegue el momento
de decir que nos vamos
a ese viaje final
del que no se regresa
pediré con permiso
me prorroguen la salida
— sólo por unas horas —
para cumplir el compromiso
de testar lo que debo
de arreglar mis asuntos
que quedarán pendientes...
No me quedan riquezas
ni oro ni fortunas...
He ahí que no habrán discusiones,
disgustos
ni agravios por mi causa.
Viví creyendo en lo hermoso
y en el amor a mi forma...
Rompí con tradiciones
y prejuicios impuestos
por los siglos, los Papas y
las constituciones,
las repúblicas, los señores
y las doñas...
Creí en el presente
y soñé hacia el futuro...
Respondí a las llamadas
del que tuvo sed...
Brindé mi agua y no cobré por ella.
Mas debo algunas cosas que no me perdonaré
por ser tan injusto
si antes del final no las realizo.
Por ejemplo...
le debo un poema a mi perro
que fue fiel desde siempre...
y a la infancia
nunca le he escrito versos,
al reloj de mi cuarto

que nunca me ha fallado,
al mar que fue tan noble
y a los caracoles de su fondo
que le dieron sepultura
a tantos de los míos...
a un pueblo que vive
luchando por ser libre,
a la diáspora agridulce
que es libre trasplantada,
a los que
me aman
y a veces no tomo en cuenta,
a las plantas
de casa que tantas veces
han sido mi única compañía,
al cenicero
que siempre está perdido,
a la única mujer
que es dueña de mi corazón,
a la viejita linda
que es dueña de mí mismo,
al amor que no pudo ser...
En fin, después de tantas deudas
mejor es no marcharse
pues pensándolo bien
hay que pagar con la
moneda del amor
lo que la vida ofrece.

REFLEXIONES PARA UN FINAL

Sólo recuerdos se agolpan
en mi mente;
el corazón impulsa
los sentimientos de un día junto al mar,
el inicio de un mundo diferente,
comenzar nueva vida de la nada,
pasajeros de un tiempo
enredado y difícil,
luchar contra todo y por todo
y sobre todo, luchar
siempre adelante.

Las caricias y el gusto
se hicieron la costumbre, el hablar como niños
las cosas de mayores,
filosofar un poco recostados
y hacer planes.
Llegar por las tardes
y hacer el resumen del día,
recibir mil expresiones de amor
en un instante.
Compartir en el verdadero sentido
el amor que sentimos,
discutir sobre algo
que estuvo mal, enfurecernos
y regalarnos sonrisas y besos
para sellar un pacto,
disfrutar nuestros triunfos
sufrir juntos derrotas.

Las tardes en el cine,
las mañanas cruzar el puente,
el mar saludándonos,
tantas veces,
camino de la escuela y el trabajo.

Cuando creíamos tener que separarnos
llorar juntos, y sonreír la felicidad

de seguir unidos;
mantener la esperanza
y el valor de tenernos
por siempre,
pese a todo.

Por eso ahora,
cuando una nueva etapa
empieza para los dos,
compréndeme,
y aunque sea a escondidas
saca unos minutos
para reír conmigo
y hacerme feliz.

Mi Mamá

Tengo una mamá muy buena
que me adora con pasión,
que me mira que me besa
con puro y celeste amor.
Ella cuida con cariño
de mi cuerpo, de mi hogar,
mis juguetes, mis vestidos...
¡Oh qué buena es mi mamá!
Cuando de la escuela vuelvo
corro a buscarla feliz.

Felicidades
mamá

MI MAMÁ

Tengo una mamá muy buena
que me adora con pasión,
que me mira que me besa
con puro y celeste amor.
Ella cuida con cariño
de mi cuerpo, de mi hogar,
mis juguetes, mis vestidos...
¡Oh, qué buena es mi mamá!
Cuando de la escuela vuelvo
corro a buscarla feliz.

Felicidades mamá.

ENSAYOS

SOBRE LA FE Y MIS DUDAS

El hombre se ha pasado veinte siglos juzgando... ha matado treinta o cuarenta millones de seres entre 1939 y 1945, sin contar los que han muerto desde entonces... sin contar los que están muriendo ahora mismo en nombre de esa justicia tan propia del hombre... sin contar los que van a seguir matando y los que aún no han nacido y van a morir por ella... y yo me pregunto... es que acaso estos seres pequeños que somos, que temblamos junto con la tierra ante una naturaleza en búsqueda de su propio equilibrio y que caemos por miles ante la fuerza de esa naturaleza... pero que sin embargo podemos hacer una nave superior a nosotros mismos, quizás, pero que ha salido de nosotros, y ponerla bien lejos, adonde no llegan las mariposas... y repito, me pregunto... quiénes somos para juzgar, para juzgar cómo te vistes, cómo comes o de qué largo debes tener el pelo, o cómo debes caminar o gesticular, o con quién debes casarte y cuándo, o cómo debes hablar y con quién te tienes o te puedes acostar a disfrutar el placer del sexo... quién soy yo para juzgar a mi hermano que mató cuando estuvo en la circunstancia en que tuvo que matar o a mi hermano que robó cuando tuvo hambre y los que tanto juzgamos no le dimos de comer... o a un joven de diecinueve años que hace dos días tuve delante y que después de haber pasado una crisis de drogas fue a pedir ayuda a la agencia en que trabajo, y las leyes que juzgan y establecen cómo, cuándo y a quién se debe ayudar, le dijeron que NO... Yo creo que hemos ido demasiado lejos con nuestra justicia de veinte siglos que destruye esa sensación natural que Adán tuvo cuando vio las mariposas que no pueden llegar a donde la nave espacial, revoloteando alrededor de Eva, que ya iba a acostarse después del primer día fuera del paraíso, luego de haber disfrutado el placer con su esposo... esa capacidad adorable de ver el amanecer y el sol metiéndose como un huevo en el mar en las tardes de La Habana y Nueva York... que tal parece es al mismo tiempo el mismo sitio y sin embargo, *no* éste que tortura y que

MATA, cuando uno sabe que las mariposas están ahí y que se puede ir a volar con ellas...

Creo que debo sentarme a escribir un itinerario de mi fe y no sé como empezar ... Cómo expresar todo cuanto se siente cuando te lanzas a esta pregunta: ¿tienes fe? ¿crees?

Hace unos años, en 1980, recién llegado a los Estados Unidos a través del Puente Marítimo Mariel-Cayo Hueso, escribí lo siguiente en una tarde que lleno de esperanzas caminaba hacia el trabajo:

> Creo...
> ¿En qué se puede creer en estos tiempos?
> Sólo la esperanza queda,
> prevalece,
> de que Dios no esté perdido
> para la gente que camina
> por las avenidas
> entre luces de mercurio
> y autos del último modelo...
> Yo
> un simple ser
> puedo decir que creo.
> Y lo más importante
> lo que nadie esperaba
> que dijera yo.
> Después de todo,
> CREO en el amor...
> EN DIOS,
> y es suficiente.

Simple pregunta, sencilla y breve ésta que puede significar el objeto de estudio de toda una vida en un ser humano. Simple pregunta que atormenta y mata, que quema y ahoga, pero que puede también convertirse en manantial de agua eterna, de paz y amor en abundancia.

Cuando en 1980 escribía esas líneas, pedazos o ripios de poesía, estaba muy lejos de imaginar que me tocaría la (al menos para mí) difícil tarea de escribir sobre el desarrollo de mi fe a lo largo de mi vida. Todavía en los momentos en que estoy escribiendo este trabajo, no sé como voy a sacarlo adelante, por lo que trataré de dedicarme más bien a narrar algunos acontecimientos que sucedieron en mi vida y que quizás puedan ayudarme a encontrar ese camino de fe que ando buscando.

En esa época era yo un refugiado cubano recién llegado a los Estados Unidos, que se enfrentaba a un mundo cultural completamente hostil a las tradiciones, costumbres, idiosincrasias y medios de vida en que había crecido. Tomemos en cuenta que venía de un estado totalitario marxista leninista que había dejado (tuvo que dejarlo) huellas imborrables en mi persona. Contaba entonces veintiún años y era también la primera vez en que me encontraba realmente con la adversidad y los problemas domésticos, a veces sencillos — a veces demasiado complicados — que la vida ofrece. Era así mismo la primera vez que vivía en libertad — la podía tocar de cerca y preguntarle: ¿cómo estás? ¿quién eres? ¿cómo eres? ¿qué vas a hacer conmigo? Pero, ¿cómo veía yo a ese Dios en que el que decía creer y por qué planteaba entonces creer en él? ¿cuándo lo conocí? ¿quién me habló de él?

Nací en 1959 mientras mis padres vitoreaban el nacimiento de una nueva era en la historia de mi país... un país monoproductor que vivía del dulce de sus cañas y del sabor caliente de su sal, y sus rumbas en las noches del trópico... un país de santos y ritos africanos mezclados con creencias católicas, y el espíritu español que había quedado entre sus habitantes después de tres siglos de colonia... un país donde se pone un vasito de agua con una flor blanca por la noche, al lado de la cama, para "dormir tranquilo", y al otro día se va a misa de seis de la mañana a rezar el rosario... un país donde se pasa la mano por el abdomen haciendo rezos lucumís o yorubas, o se lee el ensalmo de San Luis Beltrán... un país de una Juana curandera que cura con agua clara.

En ese lugar nací yo en 1959.

Un país donde es (siempre lo fue) muy difícil *"creer"* en el sentido más *filosófico y puro* de la palabra, porque a la creencia popular llena de ritos y mitos de santos y demonios se une la realidad cruel de que la dignidad plena del hombre fue violada muchas veces.

Siempre habíamos sido ahogados por el calor sofocante del trópico y de nuestros problemas... la caña cada vez más amarga sobre nuestros campos, devorándonos y produciendo cada vez más azúcar... los políticos devorando los sentimientos de un pueblo noble que se lanzó muchas veces a las urnas para que las cosas cambiaran... y los militares que cambiaron las cosas... pero las cambiaron tanto que un día, cuando ya no quedaba nada por cambiar, vinieron unos más vivos y los cambiaron a ellos... pero de forma que nunca, más nada, ha podido cambiar... sino que todo retrocedió... que "estos nuevos creadores de la sopa de ajo" lo pusieron todo patas arriba.

Y al son de ellos crecí y vi a las vírgenes desaparecer de los altares de las casas, y en su lugar aparecer las fotos de los nuevos héroes, Fidel, Camilo y Che Guevara, y hasta recuerdo una Santa Bárbara de una casa amiga que se resistió a IRSE de su puesto, pero que tuvo que compartir la sala humilde con una foto de CASTRO, que de lo único que nunca ha tenido nada es precisamente de SANTO, aunque dicen mis padres que bajó de la Sierra con rosarios y medallas, que luego se quitó para ponerse un uniforme de mariscal ruso.

Cuando tenía seis o siete años me empezaron a llevar al catecismo en la vieja iglesia de mi pueblo, donde una mulata que en su juventud debió haber sido esculturalmente bella, pues en sus contados cincuenta, entonces, se veía hermosa; me daba clases y me enseñó a decir las primeras palabras de la fe, que han ido caminando conmigo a lo largo de mi vida.

Me gustaban particularmente las clases de catecismo. Allí oí por primera vez hablar de Abrahán y de Noé, de como Caín había asesinado a su hermano, y conocí de los milagros de Nuestro Señor Jesucristo; allí conocí el Milagro de las Bodas de Caná, que me impresionó sobremanera, y el de Lázaro; en fin, todos. Allí los niños jugábamos en el patio de la iglesia con su aspecto colonial y viejo. Allí se sembró una semilla que veinte años después aún conservo. Pero duró poco aquella felicidad y aquel bienestar en la paz de Jesús y de su obra.

Recuerdo que me preparaba para participar en la representación teatral del nacimiento en Belén y me tocaba interpretar a José. Mi padre me llevaba todas las noches a los ensayos en la iglesia y avanzábamos en el montaje de la pequeña obrita teatral. Como niño inocente, y quizás contento con lo que estaba haciendo, lo conté a mis amiguitos en la escuela, los que a su vez lo contaron en sus casas. Fue entonces que mi padre fue llamado por la directora del colegio, que se encerró con él a hablar. Yo sólo oía que mi padre alzaba la voz y lo vi salir muy molesto de allí. Luego en mi casa vi a mi madre llorar y a mi padre que me decía que no podía continuar en la iglesia. Yo entonces lloré mucho y me permitieron terminar la obra, pero después de hacerlo nunca más volví a la iglesia.

Con los años no se habló más del asunto, pero yo nunca pude olvidar... La semilla estaba ahí y yo la deseaba... Quería verla salir como una planta y crecer fuerte y subir al encuentro con su creador..

Crecí entre niños pioneros y a mí también me hicieron pionero y veía a mi madre muy callada, algunas veces delante de sus imágenes religiosas y rezando en silencio. Según fui creciendo me explicaron en casa que no podía decir nada sobre el particular en el colegio. Para entonces tenía trece o catorce años. También yo rezaba y aprendí a hacerlo a escondidas, convirtiéndome así en cómplice de las creencias "clandestinas" y "subversivas" de mis padres, quienes más tarde me explicaron el porqué de su decisión de sacarme de la iglesia, pues de no haberlo hecho jamás habría podido estudiar en aquel país. A los dieciséis años era yo un estudiante de la Escuela Vocacional "Lenín" en La Habana y estudiaba las corrientes filosóficas marxistas y ateas. Pero un día, por esos deslices de la vida, a mi profesor de literatura se le ocurrió enseñar algunas obras literarias de la antigüedad, entre las que se encontraba "El Cantar de los Cantares", y de ahí que tuve de nuevo un encuentro con "la verdad que nos hará sabios", según San Juan, y comencé clandestinamente a leer la Biblia, libro que es eminentemente subversivo en la Cuba de hoy.

A los dieciocho años comienzo a asistir a unas peñas literarias en las que nos reuníamos aprendices de poetas y artistas rechazados por la nomenclatura oficial, a las que yo había llegado por pura casualidad. Entre ellos pude conocer la miseria humana y el dolor de sus vidas, como los habían destruído por el simple hecho de formar parte de lo que en Cuba se considera élite: intelectuales y artistas disidentes, gente con el pelo largo, homosexuales, etc, etc. Y es en este momento que me hago la primera pregunta en serio sobre Dios: ¿Dónde ESTAS? ¿Acaso estás ciego? ¿No ves lo que está pasando aquí abajo?

El síndrome de Viet Nam utilizado por el régimen cubano en su propaganda antiyanqui y las guerras en que se vio envuelto el sistema, por entonces radicalizaron y catalizaron muchas de mis ideas pues, por naturaleza, no soy dado a aceptar la violencia. No podía entender por qué cientos de miles de personas morían víctimas de la violencia armada de las dos superpotencias que luchan por repartirse (ya sea en esferas de influencia o por dominación colonial directa) el mundo.

Comencé a estudiar en la Universidad de La Habana y mis problemas se agravaron. Mis contactos con la filosofía marxista eran ahora más fuertes, pero al ir al meollo de tal filosofía menos podía aceptarla. Pedía a Dios, a aquél Dios del que tenía una imagen borrosa, pero, eso sí, en el que siempre, sin saber por qué, había creído y al que siempre había clamado, y ya no con rezos u oraciones, con mis palabras y mi desesperación, le pedía que mirara con ojos de misericordia nuestra situación.

Me entró por entonces un ansia de escapar, y al tiempo que esto me ocurría, comenzó en la universidad un proceso que se llamó "LA UNIVERSIDAD ES PARA LOS REVOLUCIONARIOS", en el que fui purgado por contacto con "elementos ANTISOCIALES", así como por el uso de ropas de origen extranjero. De la noche a la mañana quedé a expensas de la Ley de Peligrosidad.

El 4 de abril, diez mil cubanos entran a la Embajada del Perú, y pocos días después, al conocerse los intentos de mi familia de irse del país, somos salvajemente golpeados y maltratados de palabra y físicamente a lo largo de ocho kilómetros, por una de las turbas organizadas al efecto.

En esos momentos mi fe CRECIÓ. Rogaba a Dios en silencio mientras era golpeado. SEÑOR, YO SE QUE YO NO PUEDO, yo soy un INFELIZ que no tiene siquiera poder para vencer esta turba. Ellos, sin embargo, pueden matarme. No sé cuánto podré resistir, pero TU SI PUEDES, tú puedes. Dame fuerzas para RESISTIR hasta el Final y llegar a la libertad que tanto ansío. Yo sé que no te he servido y que todo a ti te lo debo. Sé que un día tú fuiste CRUCIFICADO para que yo fuese salvado por ti. Sé que en aquel momento, cuando los dos delincuentes que te acompañaban en la CRUZ discutían y uno de ellos te pidió su perdón, tú le dijiste HOY ESTARÁS conmigo en el PARAISO. Por eso, ayúdame HOY, dame de tu amor. YO HOY TENGO FE y quiero llegar al final. QUIERO SER LIBRE. Y no he perdido aquella carga de fe y de amor, el dolor de los golpes se transformó en el dulzor delicioso de la libertad. Hoy puedo GRITAR tu nombre señor JESÚS, o no creer, opción que es inmanente al ser Humano. Dios, tú nos creas libres, libres aún de creer o no en ti...

Tropecé con muchas piedras en mi exilio. Pasé hambre y frío y desarraigo, pero no se ha quebrado mi fe. Aún no sé por qué. He hecho estudios religiosos profundos. Voy a menudo a la Ermita de la Caridad y celebro la fiesta cristiana de la Caridad, pero no practico ninguna religión. Sólo, eso sí, creo en EL AMOR y en el SER HUMANO, que superará definitivamente la crisis actual y avanzará en su proceso de AMOR hasta llegar al punto omega, donde no habrá dolores ni odios, ni pueblos regidos por dictadores, ni cañas amargas produciendo azúcar dulce y devorando pueblos; ni habrá mar de refugiados que pidan permiso a las olas para llegar a puerto EXTRAÑO a pisar la tierra de la libertad; ni estudiantes que un día tengan que definir su fe y no sepan dónde ni cómo ni por qué tienen fe, pues el amor será en grande y para plenitud y satisfacción de los hombres, en comunión con su creador.

CUBA, LA HABANA Y LA GIRALDILLA

"La torrecilla cilíndrica de vigiar, levantada sobre el extremo del baluarte noroeste del castillo de La Fuerza, data de tiempos del gobernador Juan Bitrián de Viamonte (1630-34) cuyo nombre está inscrito en la misma. La torre está coronada por una figurilla a manera de giraldilla, que representa la Victoria, portando en su brazo derecho una palma de la que sólo se conserva el tronco, y en la izquierda, en un asta, la cruz de Calatrava, de cuya orden era caballero Bitrián de Viamonte; en la parte inferior del asta se ven las grapas que sujetaban la banderola que servía para dar dirección al conjunto por la acción del viento. Esta estatuilla de bronce, de delicadas y bellas facciones — una de las obras más selectas en su género de la época colonial— es obra de Gerónimo Martín Pinzón, "artífice, fundidor y escultor"; y popularmente se ha considerado por sus facciones presuntamente indígenas, como una representación de la ciudad."

Joaquín Weiss Sánchez
"La Arquitectura Colonial Cubana"

Toda ciudad de importancia y poseedora de una rica trayectoria histórica y cultural cuenta con uno o más símbolos capaces de identificarla entre otras orbes del mundo. Estos símbolos, de un modo original y llenos de interesantes razones sociales, van adquiriendo un papel representativo, en el nombre de aquellos monumentos más destacados, los cuales son considerados por los propios habitantes de la ciudad y sus visitantes, por tácito acuerdo, como una parte insustituíble del paisaje. Son, en fin, como una especie de nombre propio capaz, sin necesidad de pronunciarlo, de evocar al instante el conjunto de calles, plazas y edificios.

La Habana, ciudad de vigoroso perfil en América desde su más remota infancia, posee no uno, sino varios de estos monumentos emblemas, los cuales han divulgado su imagen durante muchos años por todo el orbe. Una imagen construida por las circunstancias de su historia y que parece haberse quedado grabada para siempre en la mente, en los ojos, y en el corazón de quienes conocieron a aquella mujer-ciudad o ciudad-mujer que sacaba sus galas al atardecer, cuando el sol entra como un huevo dorado en las aguas que bañan el Malecón; y se lanzaba al eterno sueño del trópico hasta que amanecía. Parece eso, que se quedó ahí...en el recuerdo de su pueblo, que va por el mundo hablando de su isla, llorando a su patria encadenada y representándola con simples palabras, gestos, risas o canciones, cuadros de sus pintores, poesía, y hasta maravillosas novelas que han enriquecido la literatura hispanoamericana, como en el caso de *La Habana para un Infante Difunto* de ese genial narrador cubano que es Guillermo Cabrera Infante. Y es que el cubano vive tan orgulloso de su capital, que cuando quiere simbolizar a su isla, habla de La Habana y entonces todo queda dicho, es como si toda la república fuese La Habana, o como si La Habana fuese Cuba entera.

La capital cubana ha sido representada en casi todas las manifestaciones del arte y la cultura de nuestro pueblo. Al ejemplo citado de esta presencia en la novelística de Cabrera Infante, podríamos añadir la pintura de René Portocarrero (sus casas del Cerro) o de cualquier otro de nuestros pintores, y si vamos a la música, la lista sería interminable. Todavía está fresca en nuestros oídos esa pieza que nuestra Celia Cruz — rumbera mayor — nos puso a bailar con la nostalgia y el sabor agridulce de "Canto a La Habana", demostración quizá de que para nosotros, como para los españoles del siglo XVII, Cuba es La Habana, en tanto, La Habana era (es), sigue siendo ese compendio de Cuba entera, la caldera donde se cocina el ajiaco de nuestra nacionalidad.

Aunque sería de gran interés analizar ese proceso productor de imágenes emblemáticas de La Habana, en este trabajo sólo me propongo llamar un poco la atención del lector, a la vez que profundizar un tanto en la leyenda que rodea una conocida figura femenina, la cual sin lugar a dudas, puede llamarse uno de esos símbolos de la ciudad colonial y de nuestra cultura en general, símbolo de esa Habana Vieja cuyo límite cronológico se acostumbra extender hasta el ocaso de la dominación española a fines del siglo XIX. Me refiero a "La Giraldilla", estatua de bronce también llamada "La Bella Habana" ya que según datos de Eugenio Sánchez de Fuentes, la tradición contaba que "había quienes habían ido a La Habana y no habían visto "La Habana".

La Giraldilla es la representación mas antigua de la Villa de San Cristóbal y apareció en la tercera década del siglo XVII en los días en que el Almirante de galeones y caballero de Calatrava, don Juan Bitrián de Viamonte y Navarras, gobernaba Cuba (1630-34) época en que los habaneros se veían obligados a vivir en incesante pie de guerra, amenazados por los filibusteros, que en partidas más o menos numerosas, solían desembarcar en las playas cercanas, saqueando viviendas y hatos de ganado que encontraban a su paso. Para su defensa, contaba La Habana con tres fortalezas: La Punta, El Morro, y La Fuerza, siendo esta última la más antigua, puesto que sus obras se iniciaron en 1538 bajo la gobernación del "adelantado" Hernando de Soto.

La estructura original de La Fuerza contaba con una sola planta. Bitrián de Viamonte deseoso de brindar al edificio un aspecto más marcial, hizo construir en uno de sus baluartes, el que mira hacia el oeste, una sencilla torre de vigilia, en cuyo remate ordenó la colocación de una pequeña estatua de bronce que, a modo de giralda, se destacase sobre la fortaleza. Nadie pudo precisar con exactitud por qué, cómo ni cuándo la gente comenzó a ver en este ornamento una representación simbólica de la población, que poco a poco iba extendiéndose frente a los muros del castillo. Lo probable es que, carentes de otro monumento de mayor importancia, los habaneros personificaron en la airosa figurilla la imagen del incipiente centro urbano.

Figurilla ésta que representa una mujer de excelente porte con hermoso perfil griego, cabello largo, trenzado a la usanza de la época, y sobre este, una artística corona. Tiene cuerpo de singular voluptuosidad, lo que hace pensar que el artista fue influenciado por la belleza de las criollas de la época. Sostiene un haz en la mano derecha en forma de hoja de palma real, lo que supone el influjo del paisaje habanero en la obra de su creador, Gerónimo Martín Pinzón, primer escultor cubano de quien se tiene conocimiento, criollo hijo de andaluces que se ve estaba ya en la búsqueda de formas propias de este lado del mar, y que la modeló y fundió hacia la fecha antes señalada en los talleres que poseía en la incipiente capital y no en Sevilla, como se creyó originalmente.

En la mano izquierda la elegante fémina sostiene con garbo la cruz y la banderola de la Orden de Calatrava, enseña de la que hoy sólo restan las dos tirillas de metal que la sujetaban al asta. Cubre la parte superior del cuerpo una especie de corpiño o cota, y de cintura abajo, una túnica abierta a un lado que le permite exhibir toda la rodilla y pierna derecha y que termina por el dorso en recogida cola. Los pies los tiene cubiertos por una a modo de media y semisandalias con lazos al frente. Mide esta mujer de bronce aproximadamente 107 centímetros. De nuestra primera escultura, ha dicho Eugenio Sánchez de Fuentes:

> "El cincel del escultor ha realizado una labor digna de aplauso, pudiéndose afirmar que esta escultura es, a no dudarlo, una de las más acabadas que nuestra ciudad posee..."

La Giraldilla fue, ante todo, un elemento funcional del frecuentado puerto habanero; era una veleta que indicaba a las embarcaciones que abordaban la bahía, cuál era la dirección de los vientos que movían, con menor o mayor fuerza, la banderola sostenida en un asta por la grácil figura de mujer.

La Habana ocupaba el séptimo lugar en jerarquía entre las ciudades de Hispanoamérica, era la llave comercial del nuevo mundo y todo su carácter urbano dependía de sus ventajosas condiciones comerciales y marítimas. La Giraldilla, levantada entonces por encima de cualquier otra edificación dentro de la villa, era su emblema más visible y, de modo práctico, sin proponérselo, representaba en esencia esa existencia dinámica y mudable, entregada a los trajines del mar, que se desarrollaba diariamente en la ciudad.Con su gesto airoso y decidido, la simpática imagen de "La Bella Habana" oponía su rostro al aire libre que corría desde o hacia el Atlántico, saludando a los navíos que penetraban por el estrecho canal del puerto u orientando más tarde su salida. Nada más razonable, por tanto, que durante muchos años fuera el signo espontáneo, casi inadvertido, cotidiano, de una ciudad volcada hacia el mar, la cual esperaba con ansiedad la llegada de las flotas.

Pero La Giraldilla es más; es un producto criollo, con todo el sentido de afirmación primaria que emana del calificativo.

A imitación de la metrópoli del circuito comercial americano, el puerto de Sevilla, pudo también La Habana, en correspondencia a su elevada posición dentro de Las Indias, poseer una GIRALDA similar, quizás para señalar así la estrecha relación existente entre ambos centros, muestra de optimismo y conformidad con el sistema imperial, pero a su vez, deseo de competir, orgullosamente, con los emblemas de la Madre Patria, portadores aún del prestigio del recuerdo próximo.

Sin embargo, esta evocación del ambiente peninsular fue fuertemente tamizada por una evaluación digna y auténtica de las posibilidades locales; la veleta imitada no era un mero ornamento, sino una útil señal de navegación, obra subsidiaria de una plaza fuerte habituada a presenciar la fundición de cañones y salida de manos de un artesano local, nativo por demás. Al igual que en las estrofas del *Espejo de Paciencia* aparecen mameyes y piñas entre los términos de un discurso retórico de corte europeo, el primitivo lenguaje formal de La Giraldilla transmite ese sentido de adaptación de las formas prestadas a las condiciones insulares, lo que constituye la premisa fundamental de un nuevo comportamiento cultural, capaz de sostener valores propios o de manifestarlos.

La antigua veleta, a pesar de sus innumerables giros diarios, no abandonó nunca su original posición, salvo cuando la arrancó de su torre el ciclón que pasó por la capital cubana la noche del 19 de octubre de 1926, ensañándose con la figura que la representa, que vino a tierra, sufriendo, entre otros daños, la pérdida del resto de la banderola que aún conservaba. Permaneció unos días adosada al muro de la histórica fortaleza, siendo izada de nuevo en su pedestal. Fue como si el ciclón hubiera querido dejar una muestra simbólica de su devastación en La Habana.

Posteriormente, en 1963, bajó para ocupar un resguardado lugar en las salas del Museo Nacional de Bellas Artes, pero no lo hizo sin dejar en su lugar una exacta copia que perpetúa su existencia. Un poco retorcida y desproporcionada, La Giraldilla posee, en cambio, una buena dosis de sincera ingenuidad que tanto ha hecho revalorizar el arte moderno en nuestro siglo.

La estatuilla funcional, fundida sin grandes pretensiones por un ignorado artífice, hoy identificado tras arduas investigaciones en archivos de la época,* ha sido capaz de sonreír desde su torre con tanta gracia y soltura, como de transmitir de manera tan directa y cotidiana sus valores significativos. Por eso, el rostro femenino de nuestra capital continúa hoy manteniendo su ininterrumpido diálogo con la historia urbana y brindando su probada efectividad emblemática.

*Gerónimo Martín Pinzón, identificado tras arduas investigaciones en el archivo Nacional de Cuba por Joaquín Weiss y Sanchez, autor de "La Arquitectura Colonial Cubana".

LA HISTORIA, LA LEYENDA, EL AMOR Y LA GIRALDILLA BAJO LA LUZ DEL PUERTO HABANERO

San Cristóbal de La Habana, fundada en 1514 junto al puerto de Carenas, fué de hecho la capital de Cuba desde 1553, aunque su rango no se oficializó hasta 1607 por decreto real. He querido recorrer como en un viaje maravilloso en la máquina del tiempo esos primeros años de la conquista española en América, en que la historia, la leyenda y nuestra Giraldilla se mezclan bajo la luz del puerto habanero, "Antemural de las Indias Occidentales", conformando así esa efectividad emblemática de que antes hablamos.

Con la conquista de los territorios continentales, La Habana se convirtió en el último puerto de escala en el hemisferio occidental y estación de aprovisionamiento y reparación de la flota que navegaba entre España y América, transportando las riquezas de las "Indias" hasta la metrópoli.

Según lo antes expresado, para el gobierno colonial español, Cuba era La Habana, plaza fuerte, factoría, lugar de tránsito, y así sería por siglos. En 1555, el hugonote francés Jacques de Sores arrasó el poblado y quemó las actas del Cabildo y con ellas, medio siglo de historia. Las rivalidades entre España, Inglaterra y Francia por el reparto colonial, mantendrían a Cuba y en especial a su capital, como manzana de la discordia.

La Habana era en sus inicios, un caserío inhóspito, donde cada vecino vivía con un arma a su alcance en espera de la próxima visita de corsarios o piratas. A fines del Siglo XVI, los franciscanos y dominicos establecieron estudios de gramática latina y religión a fin de preparar misioneros para enviarlos al continente. Durante el siglo XVII la orilla oeste, metida en el puerto, se fue nutriendo de casas, comercios, parques, iglesias y conventos. Para defenderla se levantaron los castillos de La Fuerza y La Punta y las murallas, que como colosales anillos de piedra, definieron La Habana intramuros hasta la última mitad del siglo pasado. De esa época refiere María Mercedes Santa

Cruz y Montalvo, Condesa de Merlín, en su libro "Viaje a La Habana", (1844):

"En tiempos de Felipe II se trató por primera vez de levantar fortificaciones en sus nuevos estados de ultramar; pero el Consejo Real decidió que no había necesidad: tan grande era entonces en los españoles el conocimiento de su propia fuerza. Sin embargo, los piratas de todas las naciones no tardaron en desolar las costas de La Española y de Cuba.En 1538 esta última isla fue saqueada, incendiada y destruída por una tropa de filibusteros, y sus habitantes tuvieron que refugiarse en los bosques con sus familias..."

Y continúa diciendo:

"El Adelantado, Don Hernando de Soto, cuya autoridad soberana era la Isla, mandó que se volviese a levantar la ciudad e hizo construir el Castillo de La Fuerza, que no se acabó hasta 1554(...)"

Al respecto refiere la historiadora norteamericana Irene Wright en su libro "Historia Documentada de San Cristóbal de La Habana" que, según documento que se conserva en el Archivo de las Indias de Sevilla, la Reina, el 20 de marzo de 1538, recomendó al Adelantado Don Hernando de Soto, Gobernador de la Isla de Cuba, la construcción de una fortaleza en La Habana:

"asi para guarda "della" como para amparo y defensa de los navíos que van y vienen a las Yndias...con toda seguridad..."

Después de varias dificultades con que tropezó de Soto en lo que se refiere a la recaudación del dinero ofrecido por la Corona y a la oposición que hizo el Cabildo de Santiago de Cuba al proyecto de fortificar La Habana, por pensar que Santiago y no La Habana "es lo que ha de permanecer en esta Isla", de Soto al salir de La Habana con dirección a la Florida en mayo de 1539 para no volver más, dejó encomendada la obra de la fortaleza al vecino de Santiago, Mateo Aceituno, con un sueldo de cien maravedís al año, quien la construyó en siete meses, dejándola según su propio dicho, "acabada y para se poder habitar y morar y fender y defender" el 12 de marzo de 1540.

Pero no sólo ésta encomienda dejó Hernando de Soto en La Habana al irse a conquistar la Florida. Cuando nueve meses después de su partida, La

Fuerza Vieja se alzaba frente a la entrada de la bahía y aún la fortaleza carecía de cañones, comenzó a tejerse en aquel escenario una contradictoria leyenda de amor.

¿Isabel? ¿Inés? ¿Leonor?

Muchos historiadores y cronistas confunden con tres nombres a la ilustre esposa de Hernando de Soto, primera y única gobernadora general de Cuba. Dice uno de esos cronistas: "...Doña Isabel de Bobadilla atisbaba el horizonte desde una ventana de La Fuerza Vieja en inútil espera de su esposo Hernando de Soto, muerto en la desembocadura del Mississippi en 1542..."

Otro informa que la estatua de La Giraldilla que nos ocupa es imagen de la gobernadora Inés de Bobadilla, y un tercero evoca los pasajes de piedra donde "Leonor de Bobadilla llorase sus amores ocultos con Don Nuño Tovar, alférez de Hernando de Soto"

Pero lo cierto es que Hernando de Soto había llegado a la Isla de Cuba en 1538 con la encomienda de salir desde allí a la conquista de la Florida. Sus primeros meses en la mayor de las Antillas los vivió de Soto en Santiago de Cuba, acompañado de su esposa Doña Isabel de Bobadilla y de una sobrina de ésta, Leonor de Bobadilla, a la que la buena de Isabel había adoptado como hija y en tal condición trataba. Leonor quedó prendada por el amor de Don Nuño Tovar, alférez de de Soto, y contrajeron nupcias al llegar el gobernador a La Habana, donde por Real Cédula de marzo 20 de 1538, se le ordenaba construir la primera fortaleza de Cuba:

> "Adelantado Don Hernando de Soto nuestro governador de la Ysla de Cuba y de la provincia Florida sabed que yo he mandado hacer una fortaleza en La Habana que es como para amparo y defensa de los navíos que van y vienen a las Yslas..."

Su misión era, sin embargo, conquistar la América del Norte, y el 17 de mayo de 1538 firmó el gobernador y adelantado sus plenos poderes para su amada esposa Isabel, esforzándose por disipar los temores que la acongojaban sobre la suerte de su esposo en la empresa de conquista a que se lanzaba. Al día siguiente, domingo 18 de mayo, partió la flota desde La Habana. Cuando el gobernador subió a la nave capitana, Isabel agitó su pañuelo desde la orilla, dejando correr sus lágrimas. A su lado lloraba también su sobrina, Leonor de Bobadilla, cuyo esposo, Don Nuño Tovar, había finalmente conseguido del gobernador que le permitiera ir en la expedición como simple soldado.

Con severidad, el adelantado ordenó la maniobra y se alejó de las costas cubanas. Siete días después, el 25 de mayo, día de la Pascua Florida, avistaron tierra floridiana pero siguieron navegando y no fué hasta el viernes, 30 de mayo de 1538, cuando saltaron a tierra, a corta distancia de la población de un jefe indio llamado Ascita. El gobernador ordenó el desembarco y con gran pompa y solemnidad bajó a tomar posesión de la tierra. Empezaba su gran aventura. Por primera vez Hernando de Soto había puesto pie en la América del Norte. Por primera vez llegaba a la Florida la sangre hispana, con el influjo de una cultura de amor y conquista, de sacrificios y sentimientos, de tristezas y alegrías, que se mezclan en un concepto, en una manera de vivir.

Atrás quedaba La Habana, donde Isabel, inconsolable, presentía el fin trágico del adelantado, que en 1542 moría en las márgenes del Mississippi, tras haber conquistado la Florida, es decir, todo el este y centro de la América del Norte que ellos (los españoles) conocían. Atrás, La Habana, desde donde ella había enviado expediciones en busca de noticias durante tres largos años, sin obtener resultados hasta que a fines de 1543, una de esas expediciones llevó a su regreso la triste nueva a la gobernadora, que valientemente lloró a su héroe y liquidó sus bienes, dando cumplimiento a la voluntad de su amado.

Así fue como Isabel dió origen a una dorada leyenda de amor. A partir de entonces subía diariamente a lo alto de la fortaleza, y desde allí atisbó durante años el supuesto retorno del ausente. Enloqueció. Miraba tan intensamente al horizonte que dícese quedó ciega y, posteriormente, encontrando que su vida estaba vacía, murió no pudiendo sobrevivir más a su amado e incorregible descubridor.

Después de tres siglos desafiando con su gallardo porte y arrogante gesto la marcha del tiempo, mirando a La Habana, contemplando majestuosamente la luz del trópico, la Giraldilla lanza hoy su sonrisa indígena y criolla al mar de Cuba, como soñando, con la vista clavada en el golfo, cual lo hiciere aquella gobernadora que esperaba allí a su héroe, esperanzada en su ilusión de libertad y amor, fiel a su pueblo...dividido en dos, cargado de tristeza...ella es recuerdo y tradición, es el deseo de verla en el regreso, ella mira al horizonte y espera a sus hijos que en otras tierras buscan la imagen de aquella figurilla en sus memorias...

Poesía de amor y de leyenda, es nuestra cultura resumida en una pequeña estatua, símbolo del arte de un pueblo que también ha conquistado con amor y trabajo, con tesón y dedicación, estas playas floridianas, que ha convertido una ciudad pequeña en una de las más importantes de Norteamérica, la puerta de los Estados Unidos a América Hispana... Desde lo alto de la torrecilla donde se encuentra parece recordar a los cubanos que allí está la isla hermosa y que junto al verde de los campos y el olor de la caña en las centrales, en la flor del tabaco y en los montes, están sus hermanos que sufren y lloran y en su rebeldía ansían la libertad mirando al mar...

Por eso y por muchas otras razones que llenan el espíritu de un pueblo, hoy en el exilio un grupo de jóvenes cubanos ha organizado La Casa de la Cultura Cubana, y la legendaria figurilla ha venido a ser de nuevo emblema y nombre para esta institución, que se propone promover las raíces del pueblo cubano entre la juventud que, en sus orígenes históricos y culturales, busca la respuesta al destino futuro de la patria que les forjaron sus padres y abuelos; una patria que un día se vio traicionada, pero que en el inevitable decursar de la historia renacerá y sobre las ruinas levantará la patria del amor y la fraternidad y donde la figura hermosa de mujer de la Giraldilla seguirá desde lo alto de La Fuerza Vieja señalando la entrada a aquella ciudad que encanta los sentidos y de la que sólo se conoce a plenitud su belleza cautivante, el día en que se le deja por última vez y se le comienza a recordar y sentir en el amargo sabor de la nostalgia.

UN ESTUDIO DE LA POÉTICA DE *ISMAELILLO* DE JOSÉ MARTÍ

Existe la creencia de que Martí comenzó los poemas de *Ismaelillo* en la soledad de uno de sus innumerables viajes, uno que hizo a Caracas. Tal vez fueran iniciados en 1880 y seguramente en su mayor parte en 1881, y fueron publicados en 1882. Sí sabemos que es una colección de poemas dedicados a su hijo ausente, su hijo que no vio después de tener éste cinco años. Era el único hijo que Martí tenía, nacido de su unión con Carmen Zayas Bazán en México, el 12 de noviembre de 1878. En la dedicatoria dice:

> Hijo: Espantado de todo, me refugio en ti. Tengo fe en el mejoramiento humano, en la vida futura, en la utilidad de la virtud, y en ti. Si alguien te dice que estas páginas se parecen a otras páginas, diles que te amo demasiado para profanarte así. Tal como aquí te pinto, tal te han visto mis ojos. Con esos arreos de gala te me has aparecido. Cuando he cesado de verte en una forma, he cesado de pintarte. Esos riachuelos han pasado por mi corazón. ¡Lleguen al tuyo!

Mucho se ha escrito de José Martí como patriota y sus ideas patrióticas vistas a través de sus discursos y poesías, pero vamos a examinar otra fase de su vida, no menos interesante y emocionante, la de un padre y su amor para con su hijo ausente. Leer los poemas de *Ismaelillo,* nos da una impresión única, como si el padre llevara a su niño a la espalda y le arrullara con ternura. Es una ternura que se desborda sin énfasis ni arrogancias, que da un encanto a esta colección de poesías. Es muy fácil que la ternura en la poesía familiar se convierta en ñoñez, pero Martí la conserva de una manera exquisita. En los quince poemas de esta colección la figura del hijo está ausente. Sólo aparece una idea de él, una visión, un recuerdo.

Examinemos un ejemplo de los poemas de esta colección, uno de los más ricos para nuestro estudio de la poética de Martí, "La tórtola blanca". Los versos llevan números para facilitar el comentario.

1   El aire está espeso,
    La alfombra manchada,
    Las luces ardientes,
    Revuelta la sala;
5   Y acá entre divanes
    Y allá entre otomanas,
    Tropiézase en restos
    De tules, —¡o de alas!
    Un baile parece
10 ¡De copas exhaustas!
    Despierto está el cuerpo,
    Dormida está el alma;
    ¡Qué férvido el valse!
    ¡Qué alegre la danza!
15 Qué fiera hay dormida
    Cuando el baile acaba!

    Detona, chispea,
    Espuma, se vacía,
    Y expira dichosa
20 La rubia champaña;
    Los ojos fulguran,
    Las manos abrasan,
    De tiernas palomas
    Se nutren las águilas;
25 Don Juanes lucientes
    Devoran Rosauras;
    Fermenta y rebosa
    La inquieta palabra;
    Estrecha en su cárcel
30 La vida incendiada,
    En risas se rompe
    y en lava y en llamas;
    Y lirios se quiebran,
    Y violas se manchan,
35 Y giran las gentes,
    Y ondulan y valsan;
    Mariposas rojas
    Inundan la sala,
    Y en la alfombra muere

40 La tórtola blanca

   Yo fiero rehúso
   La copa labrada;
   ....
   Y en su fiesta dejo
   Las fieras humanas:
   Que el balcón azotan
50 Dos alitas blancas
   Que llenas de miedo
   Temblando me llaman.

"La tórtola blanca" nos presenta una noche de orgía, cualquier noche de orgía, porque bien puede ser una situación universal. Martí la narra en el presente histórico. El tema es la caída de la pureza. El poema tiene tres partes distintas: la primera nos introduce a la impureza del ambiente; la segunda parte, que empieza con el verso 17, representa una intensificación emotiva, terminando en un clímax; y la tercera parte, de una transición abrupta, nos desvía del ambiente al poeta y a sus sentimientos.

Es de metro menor; los versos tienen seis o siete sílabas. En realidad la estructura de la mayoría de los poemas de *Ismaelillo* consiste en cinco, seis o siete versos, pero a este poemita le falta la combinación de cinco y siete sílabas que se desarrollará mas tarde en seguidilla. En la mayoría de los grupos estróficos hay encabalgamiento entre dos versos. Excepciones son los versos 5-8, 17-20, 29-32, 49-52, donde lo hay entre cuatro versos. La mayoría de los versos empiezan con una anacrusis (1-12, 17-40, 42-44, 46-52), y los pares son asonantados en a - a.

Los versos 1-4, unos versos muy descriptivos, nos dan un vistazo al ambiente de impureza. En los versos 2, 3 y 4 hay elipsis del verbo *estar* que aparece en el verso 1. Los versos 5 y 6 forman un paralelismo completo y sinonímico. Los dos empiezan con la conjunción "y", que parece dar más sentido de espacialidad a la escena, i. e., hace creer que la acción pasa de un rincón de la sala a otro. Luego tenemos dos adverbios, la preposición *entre* y dos sinónimos que se refieren al mismo tipo de mueble generalmente asociado con escenas de lujuria como, por ejemplo, las orgías romanas. Entre estos muebles se hallan *restos de tules y alas*. La palabra *restos* nos da a entender que ya en la sala ha pasado mucho. Los tules que las mujeres han dejado en los sillones son como alas. Las alas son los tules, pero el símbolo lleva a otra idea.

La palabra *alas* es un símbolo martiano muy frecuentemente empleado. Aparece por primera vez en "La niña de Guatemala", un poema de sus *Versos*

147

sencillos, donde representa la inspiración poética, resultado de la penetración del artista en las esferas celestiales. En el mismo año cobra el valor genérico de la felicidad o el idealismo por alcanzar. En 1879 tiene la cualidad especial subrayada en la identificación del poder liberatorio y balsámico de la muerte, que confiere al individuo el esplendor ideal de un paraíso tradicionalmente situado en lo alto. Entre 1880 y 1890 *alas* funciona esencialmente como símbolo de espacialidad, relacionado con otros símbolos como *águila, paloma* y *mariposa,* que representan las más efímeras cualidades del idealismo, como señala Iván Schulman en *Símbolo y color en las obras de José Martí.* Para Martí, según Schulman, tiene una filiación idealista y denota las cualidades ennoblecedoras ascensionales que él ve en el hombre, como parte de una confianza casi rousseauniana en su perfectibilidad. Esto es lo que tenemos aquí: un idealismo, caído o destruído, en especial, una moralidad caída, la moralidad de las chicas que se encuentran en el baile.

En "Hijo del alma", otro poemita de esta colección, Martí emplea el símbolo de la misma manera.

> Y si en la sombra ocultas
> Búscanme avaras,
> De mi calma celosas,
> Mis penas varias,
> En el umbral oscuro
> Fiero te alzas,
> ¡Y les cierran el paso
> Tus alas blancas!

Las alas han de cerrar el paso a sus penas y le permiten al niño, "hijo del alma", flotar sobre todo. *Alas* en este poemita denota la perfección y el idealismo de su hijo.

Iván Schulman, comentando el origen del símbolo *alas,* dice que su forma más primitiva en la poesía martiana es *alado,* una forma hallada en un poema sin fecha llamado "Baile". El poeta dice:

> Yo veo como un sueño
> De gasa blanca y oro,
> En que la llama se abre
> Camino en tanto alado
> Traje que ha de ser luego
> Ceniza, húmeda en lágrimas,

> Cruzar la alegre corte de oro y gasa,
> Y en llanto amargo el rostro se me abrasa.

Podría opinarse lo contrario puesto que el mismo verso aparece en otras colecciones como "un tanto ajado traje," que cabe mucho mejor en el significado de la estrofa, añadiéndole un significado especialmente descriptivo en esta situación.

En los versos 11 y 12 tenemos un paralelismo antitético: dos participios, dos verbos, dos sustantivos forman el paralelismo, pero nótese el contraste entre *despierto/dormido* y *cuerpo/alma*. Los versos 13 y 14 forman un paralelismo también, pero en este caso entre dos exclamaciones. Las combinaciones de *férvido/valse* y *alegre/danza* representan la misma idea.

Los versos 11-12 son de esticomitia, porque la unidad sintáctica y la unidad métrica coinciden. Tenemos una anáfora, en los versos 13-15.

En la segunda parte se realza la intensidad emotiva de la situación. Los cinco verbos al principio (versos 17-19) representan una velocidad en la acción de la fiesta. La rapidez representada por estos verbos y sobre todo por los versos 21 y 22 nos da un sentido de movimiento, de dinamismo, del ritmo del baile.

El adjetivo *tiernas* en el 23 es un adjetivo usado como fórmula. En los 23 y 24 tenemos dos símbolos poderosos: *paloma* y *águila*.

El águila en otro poema de *Ismaelillo*, "Musa traviesa", representa la facultad creadora:

> Y ¡allá ruedan por tierra
> Versillos frágiles,
> Brumosos pensadores,
> Lópeos galanes!
> De águilas diminutas
> Puéblase el aire:
> Son las ideas, que ascienden,
> Rotas sus cárceles!

En otros el águila representa la espacialidad celestial, un eterno dinamismo, la libertad, el idealismo, o, a veces, el emblema de los Estados Unidos o de su adquisitivo poder. Aquí, en "La tórtola blanca", tenemos uno de los pocos ejemplos en que el *águila* lleva implícita una nota tan negativa, pues representa la voracidad. Representa lo malo, mientras la paloma representa lo bueno. La fuerza y corpulencia del águila quedan equilibradas con la delicadeza, humildad y ternura de la paloma.

La paloma es una forma simbólica que se remonta a la mitología griega y romana, como todos sabemos. Siempre se consideraba un atributo de Afrodita, la diosa del amor, y además, era símbolo de la fecundidad. Dentro de la tradición bíblica los primeros versos del *Génesis* presentan un arquetipo en que la potencia creadora de Dios aparece en forma de ave que va despertando la vida conforme roza las prístinas aguas. En el *Nuevo Testamento* el Espíritu Santo está representado en forma de una paloma que revolotea sobre las aguas del Jordán. Durante siglos la paloma ha representado la pulcritud moral, la inocencia y la pureza, todas estas cualidades fortalecidas por el color que suele tener: blanco. En Martí la paloma es un símbolo de estas cosas tradicionales. En *Ismaelillo* el color blanco va flotando por toda la obra como un leit-motiv, señalando la presencia del hijo del poeta y sugiriendo al mismo tiempo su pureza o inocencia.

Los versos 25 y 26 repiten la misma idea establecida en el 23 y el 24: las águilas se nutren de las palomas; los don Juanes devoran las Rosauras; lo malo vence lo bueno; la sensualidad conquista la moralidad. Los versos 25 y 26 son una perífrasis de los versos 23 y 24.

En el 29 y el 30, la vida encerrada en su cuerpo se libra de su prisión, o la restricción moral se libra en el ambiente sensual del baile. Nótese que palabras como *ardientes* en el 3, *rubia* en el 20, *incendiada* en el 30, los símbolos de *lava y llamas* en el 32, *rojas* en el 37, todos referentes al color rojo o al fuego, representan la pasión, lo sensual. Las llamas tienen sus raíces o nacen cerca de la tierra, por lo general, y por eso representan algo bajo, y forman una antítesis con el símbolo de *alas,* ya que éstas representan la altura, la elevación moral. Hay una polaridad, un dualismo aquí entre los dos símbolos.

En el 31 la *r* múltiple y la *r* simple prestan una resonancia, un alboroto al verso, lo cual sigue en los símbolos de *lava y llamas.*

En los siguientes versos, tenemos dos flores de interés especial. Las flores representan la belleza, es verdad, pero también en la poesía a veces representan la superioridad moral. Los lirios son blancos como la tórtola, y por eso representan la pureza, la castidad, la inocencia o la perfección moral. Poseen un significado casi espiritual que viene de antiguo. Los lirios son altos y por eso se quiebran.

Para Martí la viola, o la violeta, color o flor, representa la belleza, pero a la vez representa la modestia, la humildad y los aspectos tristes y dolorosos de la vida, como ha indicado Schulman. Las violas, siendo flores más cortas, no se quiebran tanto como se manchan. Estos dos versos forman un paralelismo. En los versos 33-36 hay esticomitia otra vez.

Hay que notar el uso frecuente de la conjunción copulativa en este poema, la cual enlaza las palabras con la situación. Aparece en los versos 5 y 6, en el 19, en el 35 y en el 47. Aparece como anáfora en los 32-36. Representa lingüísticamente el moviminto de la vista, de formar un *continuum* de acción, de ritmo que no se para. Faltan las pausas de lectura hasta el final de la segunda estrofa.

En el 37 entra otro símbolo también destacado por Schulman. La mariposa es una criatura policromada, alada y etérea que puede parangonarse con el amor, la pasión y la inspiración poética. Aquí, sin duda, representa la pasión. El adjetivo *rojas* intensifica esta idea.

Con los dos últimos versos (39-40) hemos llegado al punto culminante, al clímax del poema. Aquí la tórtola blanca que representa la pureza, yace muerta ante el ambiente tan sensual del baile.

Con el verso 41 tenemos una transición completa. Ya el poeta habla de sí. Parece decir, "Yo soy distinto". El uso del pronombre personal nominativo *yo* al principio de la estrofa y el pronombre acusativo *me* al final indica la subjetividad de esta última parte del poema. Ya no habla el poeta de la situación sino de sus propios sentimientos dentro de ella. Ofrece una experiencia que es más eficaz para el lector. Él rehúsa la *copa labrada,* se niega a entrar en el ambiente que le rodea y recoge la *tórtola hollada.* La tórtola, además de estar caída, es hollada por las fieras de la fiesta. Representa otra vez la moralidad y el idealismo, pero ya truncado y descuartizado. Al estar hollada la tórtola, se intensifican la tristeza y el lamento del poeta.

Sale el poeta de la fiesta, llamado al balcón por dos alitas blancas. Entra aquí lo sobrenatural que trata de evitar que caiga en la sensualidad del ambiente. Es la memoria de su hijo Ismaelillo. El diminutivo emocional, *alitas,* es una expresión de afecto, y el símbolo de *alas* connota su pureza o la virginidad de su alma. Con la conjunción de poeta, hijo y paloma tenemos unificadas aquí la pureza, la bondad y la virtud. En esta última escena de inmoralidad tenemos la antítesis de valores espirituales y morales.

Martí tiene un sentido agudísimo de lo extra-humano. No es una fantasía espectacular, sino una relación entre el poeta y el espíritu o lo irreal. Esta formación de un supermundo, dice Eugenio Florit, le da su originalidad. Lo sobrenatural aparece también en otra colección suya, *Versos sencillos.* Según Gabriela Mistral, algunos ven al poeta como un "iluminado" medieval, un hombre que ha logrado ciertos relumbres de revelación. Pero es especialmente en *Ismaelillo* donde el símbolo revela una calidad visionaria.

En los versos 51 y 52 la aliteración de llenas y llaman da, me parece, un significado de dulzura muy compatible con la apariencia del hijo.

Schulman considera cinco tipos de símbolos en Martí: (1) de la naturaleza, (2) espirituales, (3) mitológicos y clásicos, (4) minerales y metálicos (5) indumentarios. Por supuesto, unos como *alas* pertenecen a varios grupos a la vez. *Alas*, como hemos indicado, puede ser un símbolo indumentario, cuando es igual a tules, y espiritual a la vez cuando representa el idealismo y pureza del alma. Claro que es un símbolo de la naturaleza también.

"La tórtola blanca" es un buen ejemplo de la poesía breve pero pictórica de Martí. Presenta una condensación y arte detallista excelentes.

En los otros poemas de *Ismaelillo* Martí llama a su hijo príncipe, enano, monarca, reyecillo, jinetuelo, caballeruelo y diablo-ángel. Hay un encanto en esta colección de poemitas en que un padre recuerda a su hijo. Todo el libro parece un solo poema. El argentino Ernesto Morales dijo que hasta la aparición del modernismo en América el niño no se conoció como tema poético en la poesía culta, lo que significa que Martí hizo una aportación de considerable valor a la poesía española.

EL HOMOSEXUALISMO COMO VÍA DE ESCAPE EN LA NOVELA *AL NORTE DEL INFIERNO* DE MIGUEL CORREA

... "sí, sí, teniente, anótelo como se lo estoy diciendo: en nuestra familia *todos* somos homosexuales. ¡Lo *homosexual* que *todos somos!*"

Así comienza el capítulo "Una Mujer decente" de la novela *Al norte del infierno* de Miguel Correa. El resultado trágico de lo cubano aspira al escape como solución única a sus problemas y a las vicisitudes en que vive constantemente el pueblo, viendo en el homosexualismo la salida, la fuga, ese escape al que aspira la gente sencilla de la calle.

Este trabajo pretende, precisamente, analizar esa fuga, ese escape, a través de la homosexualidad en la obra de Correa, que tomamos como ejemplo representativo de lo que hemos llegado a ser en nuestra literatura, una literatura cargada de sufrimiento y amargura, donde vienen a quedar como preocupaciones del personaje, de los seres humanos que la componen, pequeñas cosas, insignificancias o detalles de la vida material y espiritual, sentimental, que no sería el leit-motiv de otros seres que viven bajo circunstancias normales, pero que ellos ven como sus grandes aspiraciones: un par de zapatos, un pullover, una fotografía con un paisaje hermoso, o un simple poema escrito en lo callado de la noche, y que es un tesoro, pues de ser descubierto puede costar la cárcel y, ¡cuidado!, hasta la vida.

Pero ser homosexual es mucho más: es enfrentarse al sistema en lo que más le duele, es ponerse frente a una *falsa moralidad* que se sustenta en la famosa ley de protección de la niñez y la juventud, que no hace otra cosa que acorralar a la niñez y a la juventud en un Código de Familia que es un instrumento para destruír la familia en un país donde la institución familiar era ya de por sí terrible. Con un gobierno que la ha destruído, que la ha separado, dividido, el ser homosexual tiene implicaciones de tipo político, pues la homosexualidad, como veremos más adelante, llega a ser una conducta social de respuesta a una falsa moralidad. Se es homosexual en Cuba como negación al machismo exacerbado de Fidel Castro y de un régimen militar que se revuelca dentro del *erotismo tropical*.

Hay en la obra de Correa, desde el primer capítulo hasta el cierre de la novela, notas que dejan ver ese erotismo tropical fálico, que comienza precisamente desde que Fidel Castro toma en sus manos de *macho* el micrófono, ¡varios micrófonos!, y los acerca a su cuerpo y a su cara con ademanes cargados de sensualidad vulgar. Este es un momento muy importante. En el momento de reconstruir la fotografía-testimonio que nos hace Correa, no podemos perder de vista la imagen visual que no se ve, que no se nos describe. Este detalle, que conocemos por haber vivido la experiencia, el autor lo da por sobrentendido. Además, en medio del uso de vocablos como jadeos incesantes, lloriqueos, así como el tratamiento del calor (elemento tropical), se sitúa una respuesta contundente que es la señal de conducta entre los que escuchan el discurso: "¡ay pinga!". Esto desemboca posteriormente en el "escándalo" de los baños públicos, que termina por invadir con su erotismo a toda la Plaza de la Revolución. Es como si la plaza entera participara de una orgía que comienza cuando el dictador toma en sus manos el elemento fálico (los micrófonos), y se va incrementando y haciéndose cada vez más colectiva, hasta que desemboca en la participación de todos en el acto homosexual ("lo homosexual que somos todos", diría la mujer decente), aunque se termina inculpando a sólo una persona, que es además humillada por todos los que participaron en la orgía. Se le humilla tomándole como chivo expiatorio de una culpa compartida, y esto se pone de manifiesto a través de expresiones como: "¡maricón!", "¡ni meándolo paga!", "¡pajarona!", etc.

El hecho de que el acto sexual se produzca en la misma plaza donde se exponen, en desfiles prepotentes, las armas y el militarismo total de una sociedad, en la misma plaza donde esté hablando la clásica expresión del machismo consumado, es de hecho una vía de escape. Escape de ese mundo social asfixiante, escape que se esconde en un baño público y que busca precisamente en este acto de estar rodeado por todos, el no ser visto por nadie.

El Código Penal, publicado en la Gaceta Oficial del 1ro. de marzo de 1979, dice en su sección cuarta lo siguiente:

SECCIÓN CUARTA
Escándalo Público

Artículo 359.—Se sanciona con privación de libertad de tres a nueve meses, o multa hasta doscientas setenta cuotas, o ambos, al que:

a) haga pública ostentación de su condición de homosexual, o importune o solicite con sus requerimientos a otros;

b) realice actos homosexuales en sitio público o en sitio privado, pero expuestos a ser vistos *involuntariamente* por otras personas.

Al que ha realizado el acto en la plaza, lo han echado del mundo con esta ley y se ha ido del mundo en su éxtasis.

En otro capítulo de la novela vemos como se puede hacer desaparecer a alguien, dándo*te* vueltas y botándo*te* de la universidad y del mundo. Se señala que la homosexualidad es causa de expulsión en las universidades cubanas, en las famosas cacerías de brujas que consideran un acto homosexual el hecho de que se escriba un poema "raro". De nuevo se hace presente el elemento fálico de la "picha chupada", aunque se pone en duda que al personaje lo hayan expulsado por lo de la "picha chupada", pero cabe la posibilidad. Al expulsarlo, la moralidad dominante logra deshacerse de la basura homosexual y esa misma "moralidad" logra escaparse en medio de su total corrupción de tener que enfrentar la realidad de un mundo donde ni en lo más privado se respeta al ser humano. El individuo, al ser expulsado, logra escapar a esa "moralidad" al menos por un segundo. Cuando accede y firma las actas, se da cuenta de que un país en vías de desarrollo no puede darse el lujo de tener poetas y que "chupar la picha" no es propio del "hombre" formado en un país en eternas vías de desarrollo. El personaje logra irse del mundo y del universo; un universo trágico, además. Se sale del marco que contiene ese universo cuando dice: "mejor vamos a comernos unos mangos", que confirma una nueva presencia del elemento erótico tropical. Esto nos da el sentido de la fuga, del escape como solución: pues bien, al fin lo descubrieron, ya lo saben, ya me sacaron del mundo, ya no soy nadie, ya logré salirme de esta esfera que ahoga, de esta esfera en la que vivía fingiendo, y el "sentarnos a comer unos mangos", en la poesía que contiene este acto simple de la vida, está dada la fuga, la salida, la solución, aunque esta fuga termine cuando se terminen de comer el mango.

La Resolución Rectoral 499 de 1980, de la Universidad de La Habana, señala en uno de sus "por cuantos", que los estudiantes con "tendencias homosexuales deben ser expulsados de la universidad, ya que carecen del imprescindible prestigio que debe gozar todo joven revolucionario, y que por tanto se impone la separación inmediata de los estudios, a fin de que por la vía de la rectificación se convierta, a través de la vinculación laboral (léase trabajo esclavo) en un individuo acorde con el proceso revolucionario y con los principios morales de la sociedad socialista" — es decir, *el hombre nuevo*.

Pero, ¿cómo se logra *un hombre nuevo*?

En uno de los capítulos finales de la novela, se nos plantea una *receta* para la fabricación del hombre nuevo, y con la ironía y el humor desgarrado, absurdo, característico de nuestra más reciente literatura, Correa nos dice que ese hombre nuevo *deberá ser pelado,* que *se le quitarán bigotes y barbas,* que *se chequeará su heterosexualidad y su respeto y admiración por nuestros líderes* (*léase Fidel Castro, o mejor, léase macho*); que *se chequeará,* nos dice, *su círculo de amistades, su modo de vestir* y, sobre todo, *su modo de caminar.* El hombre nuevo *no podrá escribir poesía,* pues la poesía *no es asunto de machos.* El hombre *macho* no está hecho para esas *blandenguerías.*

Al final de este capítulo nos damos cuenta que ese hombre nuevo sólo tiene una alternativa: *"Emigrar. Irse en un bote".* El hombre nuevo siempre será de los primeros en *"partir".*

¿Cómo lograrlo?

Ante una circunstancia de desgarro total, ante un universo que se resume a las pequeñas cosas de la vida, ya nada queda, ya todo se ha perdido, ya sólo queda irse, fugarse. Se presenta la posibilidad de partir, de escapar, y más que ser delatado es necesario que nos autodelatemos, y es entonces que ser homosexual se convierte en la salida. El principio de la fuga por autodestrucción comienza a convertirse en real, comienza a vislumbrarse como cierto.

"La mujer decente" de *Al norte del infierno* es una de las voces más desgarradas de la novela y de toda nuestra literatura en los últimos treinta años. Es la voz de la desvergüenza absoluta, del no pudor, del no temer a la opinión pública, del no recato; pero es precisamente en esto que radica que sea al mismo tiempo la voz más liberadora, más liberada, de la novela. Cuando dice, "¡lo homosexual que todos somos!", está hablando en ella todo un pueblo que huye y que no teme expresar, como una virtud, lo que ayer fuera considerado un tabú. La cuestión es escapar, como sea. Lo que ayer *se* rechazaba, lo que ayer *te* llevaba a la cárcel, como hemos visto en las leyes del Código Penal (aún y cuando esa cárcel te liberaría de vivir en una sociedad donde el horror y el terror son la constante), autodelatarse homosexual, *te,* liberará para siempre de ese mundo de prisión que es vivir en las calles de esa Habana donde ella "dice" masturbarse ante el retrato de Vilma Espín. Pero al mismo tiempo que ella se autodelata, delata a sus hijos, a su familia y a sus propios vecinos. El deseo de liberarse por esa vía y de liberar a los demás, al pueblo, es en fin el recurso para escapar; sin perder de vista que el narrador se lea a sí mismo al desmitificar a uno de los personajes más importantes de la nueva moralidad, Vilma Espín, vista y presentada por la sociedad socialista como el ejemplo de la mujer ideal, modelo y guía de las féminas de la isla, erótica visión de una mujer malvada que navega en turbulentos ríos y mares de orgasmo colectivo, en una barca que se hunde con sus tres juanes fatídicos: Fidel, Juan Almeida y Raúl; composición terrible de poder: el macho-macho, el negro erótico-fálico, el homosexual macho y la hembra machista que cubre bajo su manto a una "nueva moralidad" y puede decirse que hay fuga y escape también, en la desmitifación de este personaje.

Al final del capítulo nos enteramos que "la mujer decente" ha estado fingiendo ante el teniente y que ése ha sido el precio que ha pagado por su libertad. Cuando ese mismo personaje (simbólicamente) se ve ante la fuga homosexual de un "pájaro" que ya se encuentra en la nueva situación que le toca vivir, el destierro; ella, que ha escapado mintiendo, utilizando la "vía homosexual", se convierte ahora en juez, en moralista, y recrimina al guajirito que se convierte en homosexual en los Estados Unidos. Lo discrimina y llega incluso a amenazar a su hijo si se atreve a mirar al "pájaro"; pero aún así ella flaquea y en un momento de reflexión analiza y se da cuenta de "lo homosexual que somos todos", se da cuenta de que el "pájaro" avanza, triunfa en la sociedad norteamericana, a la que ella llama "país transformador", y llega a ver el éxito del "pájaro", precisamente, como resultado de serlo. "Y yo cada día hablando menos. Y yo cada día más torpe, y cada día que pasa yo más atrasada. Y él, ¡míralo!, del brazo con los pájaros, del brazo por las calles, del brazo con esa fauna. Y progresando y todo..." Se llega a sentir inferior, minimizada. "Y se van de vacaciones a Europa; se suben en helicópteros; se tiran de ellos; y una aquí, sin ser pájaro y congelada en este calor, zonza, sonámbula, escribiendo cartas..." Se siente que detrás de la recriminación al guajirito-homosexual, este personaje quisiera lanzarse, ella misma, definitivamente, a la aventura homosexual, romper con lo establecido-oficial, con la estructura familiar y con la tradición.

Y AL FINAL

Frustración bárbara...

Castración, imposibilidad total de realización para el ser humano en un medio geográfico exacerbadamente hermoso pero exageradamente CRUEL.

EROTISMO que destruye...

Familia que rompe...

Madre que se autodelata y delata a sus hijos...

Pueblo que hace una orgía del desfile prepotente...

Dictador fálico que CASTRA...

MUTILA...

Voces que gritan en la noche del trópico una eyaculación temprana producto del miedo, dolor horrible de una penetración que no llegó a ser...

Policía que se *lleva* a los que no acaban de *irse* del *mundo*...

Claque que bota al estudiante de la Universidad y del Universo...

Ley contra el ESCANDALO
que escandaliza,
que reduce a cenizas lo que queda de HUMANO en ser...

Fuga que el mar,
aguas de semen tropical,
que lleva esos guiñapos a un destino trágico,
península con figura de pene
a la que viene a morir lo que ya está muerto...

¡Oh Dios!
¿qué hemos llegado a ser?

Rompecabezas de voces que gritan
AL NORTE DEL INFIERNO

Destino trágico, sí..

Señor, danos una oportunidad de nuevo,
permítenos fugarnos...

Escaparnos hacia... (*"donde las
aguas nacen y trepan
más tarde la colina
para seguir el camino de
aquellos azules tan humanos...")

*Poema de Delfín Prats

> *A*yer vinimos al son de un grito
>
> *I*nfinito coral, desgarrada simiente
>
> *D*esoladora tristeza de no volver
>
> *S*ólo permítenos salvarnos

Apaga y vámonos...
Exilio/1987

CONTINUIDAD DISCONTINUIDAD EN LA LITERATURA HISPÁNICA EN LOS ESTADOS UNIDOS

La literatura hispánica en los Estados Unidos se debe, claro está, a la presencia hispánica en este país multicultural donde convergen, no sólo los grupos hispánicos sino también otras etnias raciales a las que la cultura norteamericana protege bajo su manto, pero con las que lo hispánico no guarda necesariamente una relación directa, en tanto ideas religiosas, lenguaje, tradiciones, etc.

El término "hispánico" surge con posterioridad a 1890. Podríamos decir, por lo tanto, que la idea de la hispanidad y de lo hispánico es reciente. Mucho más reciente es, por supuesto, la presencia de los tres grupos hispanos más grandes en Estados Unidos: mexicanos, cubanos y puertorriqueños, y por ende las manifestaciones literarias de los mismos, aunque cabría la excepción del grupo mexicano, que podemos decir es el que lleva más tiempo asentado en el país, dadas ciertas características de orden histórico y geográfico.

En cuanto a la idea de la hispanidad, ésta surge alrededor de 1892 cuando se celebra el 4to. Centenario del Descubrimiento de América, de modo que este concepto nace antes del surgimiento de la Generación del 98, con el nacimiento de la España moderna. España se convierte con Unamuno en un tema importante. Comienza una búsqueda de la identidad, de qué es y qué significa ser hispano; búsqueda filosófica, ética y estética que trasciende las fronteras de la península, avanza en este siglo en los predios hispanoamericanos y, claro está, en Estados Unidos.

En 1898 España pierde sus últimas colonias: Cuba, Puerto Rico y las Filipinas, y las dos primeras producirán emigraciones de tipo económico y político ambas, entremezcladas con características bien definidas en el asentamiento cultural y en la relación entre los grupos con la cultura norteamericana.

Ya antes de 1898 emigrados cubanos y puertorriqueños vivían en las ciudades del Norte de los Estados Unidos, como Nueva York y Filadelfia, y en Tampa y Cayo Hueso, en la Florida. Estos grupos de extracción humilde en su mayoría (tabaqueros y obreros fabriles) tenían una relación directa con sus países de origen debida a la lucha que libraban con España para obtener la independencia. De entre ellos surgen manifestaciones en la literatura, como las de José Martí y Ramón Emeterio Betances, que si fuéramos a buscar raíces históricas de la presencia hispánica serían sin duda pilares de las mismas.

EL CASO PUERTORRIQUEÑO

Al terminar las Guerras de Independencia de 1898, Puerto Rico dejó de ser colonia de España para convertirse en Estado Libre Asociado bajo la órbita de Estados Unidos, *status* en el que aún se encuentra.

La literatura puertorriqueña en este país refleja sin lugar a dudas, como toda la cultura hispánica en Norteamérica, que hay antecedentes que justifican la presencia hispana en este país.

Ahora bien, en toda la literatura puertorriqueña escrita en Estados Unidos se exponen las realidades sociales y culturales de los puertorriqueños que emigran de la Isla a "su segunda isla": Nueva York. Es importante subrayar que sería imposible analizar no sólo la literatura puertorriqueña, sino toda la cultura de Puerto Rico, sin tener en cuenta el fenómeno de la emigración a Nueva York, que viene a ser para ellos como una prolongación de Puerto Rico mismo.

De manera que Puerto Rico existe para los puertorriqueños de Nueva York, Chicago y otras partes de los Estados Unidos, en tanto que los Estados Unidos son de hecho una realidad irrevocable para los puertorriqueños de la Isla.

Luego Puerto Rico es una realidad poderosa que nutre la literatura que sus autores crean fuera de la Isla, y no sólo aquellos autores que vinieron, ya adultos, a los Estados Unidos, sino que los llamados "newyoricans" (nacidos en Nueva York) se definen como puertorriqueños y realizan su obra en este país, en muchos casos con asombroso dominio de elementos culturales y de la idiosincrasia propia de la Isla. Por consiguiente, en el caso de la literatura escrita por puertorriqueños se da una continuidad no sólo histórica, no sólo literaria, si tenemos en cuenta la inspiración que pueda dar a sus autores la literatura de Puerto Rico mismo, sino que también hay una relación de continuidad esencial, de raíz, en tanto que el grupo se amamanta constantemente con la realidad histórico-social, política y cultural del país de origen, y de la relación que se establece entre éste y los Estados Unidos, que por representar una situación política traumática, es una constante de la literatura que producen.

Creo que en el caso puertorriqueño esta continuidad se ve plasmada en todo el discurso literario y que la preocupación por lo hispánico, por la significación que pueda tener ser un hispano en el contexto norteamericano que sirve de telón de fondo a la cultura hispánica, es, en definitiva, un nutriente más a esa continuidad.

EL CASO CUBANO

En el caso del grupo cubano podríamos decir que la situación política en Cuba, dominada por una dictadura de corte marxista, ha hecho que más de un millón de cubanos salga de Cuba en las últimas tres décadas para radicarse en los Estados Unidos. El asentamiento hispano en La Florida, que tiene raíces históricas que incluso podríamos buscar tan atrás como el siglo XVI, adquiere especial significado con los cubanos, cuyas emigraciones del siglo pasado, durante la Guerra de Independencia de Cuba, así como las de este siglo, no sólo han puesto de relieve que el grupo en sí ha encontrado un lugar geográfico, físico, para su desarrollo y crecimiento, sino que ha impuesto su cultura y costumbres, ha cuidado del idioma y de las raíces que conforman la idiosincrasia cubana como quizás ningún otro grupo en los Estados Unidos lo haya hecho. El caso cubano es especial en tanto que responde a una circunstancia de tipo político, y toda la literatura escrita por los cubanos en los Estados Unidos, desde la primera generación de escritores que llegó en los años sesenta, hasta la más reciente, la Generación del Mariel, expresan de manera constante la relación del grupo con su país, con el sistema político ideológico implantado allí, y es por lo tanto una literatura de desgarro, de denuncia, pero que busca el encuentro con la patria lejano-cercana, al tiempo que establece sus puntos de vista en cuanto a lo norteamericano, que lejos de parecerle negativo, más bien lo encuentra como un mundo lleno de posibilidades, que fue en un momento la única alternativa que tuvo el ser humano y el creador, para desarrollar su vida y su obra. No olvidemos que la creación artística tiene que hacerse *en* y *dentro* de la libertad, y que el grupo cubano viene de la falta total de libertad y de respeto a la dignidad humana, a un contexto de respeto a los derechos del hombre; y de ahí parten sus nexos con el mundo norteamericano. De ahí se lanza a la búsqueda de lo cubano, y al encontrarlo comienza a tener conciencia de su hispanidad y su presencia dentro del mundo hispánico en los Estados Unidos. Por tanto, podemos decir que existe una continuidad que se nutre de los sentimientos de los creadores cubanos en tanto a la patria, hacia donde miran constantemente; en tanto al mundo norteamericano, donde realizan su obra; en tanto a su pequeño mundo cubano o hispano dentro de los Estados Unidos donde se aferran a la conservación de su cultura; en tanto a la idea fija de un regreso a la patria, aún más, a la experiencia de encontrarse con una patria universal que surge de la búsqueda misma de esa realidad, búsqueda mística que se logra en el sufrimiento, la soledad del exilio y el desgarramiento que produce la pérdida del espacio geográfico.

EL CASO CHICANO

Particularmente analizo el caso de la literatura chicana como el producto de un grupo que ha sufrido y en muchos casos chocado violentamente con la cultura dominante, "blanca", de Estados Unidos. La pérdida del territorio del suroeste ha causado un trauma del que todavía no se recupera el mundo chicano, que se desdobla en un rechazo compulsivo hacia Norteamérica. Esta animosidad, esta negación sistemática de la cultura estadounidense, a priori, es prácticamente la base de la cultura y la literatura chicana.

Entiendo que existe una discontinuidad en esta literatura que rompe con el mundo mexicano, del que sólo queda la reminiscencia y a veces, ni esto, a la vez que se produce una ruptura con todo lo norteamericano, por lo que ha tendido a plantear como solución la creación utópica de un estado chicano, separado de la unión americana. A través del lenguaje han tratado, sin éxito, de establecer ciertos parámetros que van quizás en esa dirección, sin lograrlo; creando, eso sí, un sistema de incomunicación con el resto de las comunidades que viven en los Estados Unidos, lo que imposibilita el entendimiento de parte de otros grupos, de la problemática que plantea esta literatura, donde, además, se produce toda una serie de obras con personajes estereotipados en un mundo en blanco y negro, sin matices, sin otra perspectiva que lo bueno es bueno y lo malo es malo.

SINCRONIA/ASINCRONIA EN LA LITERATURA HISPÁNICA EN LOS ESTADOS UNIDOS

En los tres casos señalados podría señalarse que al referirnos a la presencia hispánica en este país no podemos pensar en una unidad monolítica, cohesiva entre sí, tanto por el idioma como por la creación literaria, aunque esto no quiere decir que no exista una cierta sincronía ya que toda la literatura que estos grupos hacen es el reflejo de una realidad común: la presencia de un mundo sociocultural ajeno, como resultado de la emigración económica en algunos casos y del exilio político en otros, siendo este último el caso del grupo cubano. Valga aclarar que todos los grupos han contribuído al enriquecimiento económico y cultural de esta masa heterogénea que se llama Estados Unidos. En cuanto a la asincronía, creo que se da entre los tres grupos, ya que cada uno de ellos presenta una actitud distinta ante el mundo norteamericano.

En el caso chicano, como ya se ha visto, hay una negación absoluta de lo norteamericano, a priori, a la vez que una discontinuidad con la cultura mexicana, un desatarse del país de origen, por lo que la cultura y, por tanto la literatura chicana, adquiere un sentido de desarraigo en el que no se sienten parte ni de la cultura mexicana ni del multiculturalismo norteamericano.

Entre los puertorriqueños se manifiesta una ambigüedad, ya que se rechaza la cultura norteamericana en tanto ésta refleja un rechazo hacia el mundo puertorriqueño, pero no se rechaza lo norteamericano a priori y se aceptan algunos elementos de la cultura norteamericana. Por otro lado, no hay rompimiento con el pasado cultural, como sí ocurre con los chicanos.

En el caso cubano, como ya he explicado, cabría añadir que sí existe un distanciamiento con la realidad de Cuba bajo el castrismo, producto de las circunstancias antes mencionadas. El cubano, por lo demás, acepta como suyos los aspectos más positivios de la cultura norteamericana.

EPÍLOGO

NO SE HA IDO DEL TODO

por MATÍAS MONTES-HUIDOBRO y YARA GONZÁLEZ-MONTES

La muerte de Guillermo Hernández, joven fundador y presidente de la Casa de la Cultura Cubana, nos hiere desde estos distantes parajes hawaianos del exilio, como una verdadera tragedia cubana de nuestro tiempo, entre las muchas que nos han acaecido. Pocas veces el lugar común del texto retórico, "una pérdida irreparable", nos ha parecido de significado más hondo y más difícil de expresar y apresar en todo lo que significa, porque resulta hueco ante una realidad más fuerte.

Tuvimos el triste privilegio de compartir con él la organización de la última actividad realizada por la Casa de la Cultura Cubana en vida de Guillermo: el Seminario de Teatro Cubano celebrado el verano pasado en la Universidad de Miami. Esto nos da la dolorosa satisfacción de haber sido testigos de su valentía al enfrentarse a su realidad fisiológica, manteniéndose en pie hasta el último momento, y sobreponiendo la lucha histórica por encima de su enfermedad. De esta forma, mientras el mal procedía al final inapelable e irreversible, su voluntad de ser lo afirmaba mediante su obsesión por Cuba, que era su delirio. La Casa de la Cultura Cubana era el vehículo inmediato de su quehacer histórico a la que dedicaba sin descanso toda su energía. Cada paso que daba, sufriendo una enfermedad cuyo resultado último era previsto por él, era una reafirmación del significado de Cuba, que se proyectaba como áncora de actitud individual y colectiva en todos los actos que presentaba la Casa de la Cultura Cubana.

En la historiografía cubana contemporánea que ha desatado el cainismo, dentro y fuera de Cuba, se manifiestan dos fuerzas que forman el gran péndulo de nuestra tragedia. De un lado la pasión desintegradora, negativista, destructora, que nos enfrenta unos a otros como enemigos mortales y nos lleva a la autodestrucción. Del otro, la integradora, pasión constructiva, que es nuestra posibilidad de supervivencia. Hasta cuando la segunda no sea más fuerte que la primera y nos dediquemos simple y llanamente a hacer el bien, no seremos nada y mucho menos martianos. Si fuéramos a elegir una determinada condición que sirviera de síntesis al legado que nos deja Guillermo Hernández, sería esta preocupación integradora y positiva de hacer el bien, lo que nos parece su legado más auténtico. Víctima en carne propia de una de las manifestaciones más monstruosas del cainismo cubano, el *acto de repudio*, que sufrió en Cuba, y una de las pesadillas más siniestras que nos han contado, Guillermo Hernández supo invertir una experiencia que podría ser el germen del odio, en una semilla fructífera representada por el amor.

De ahí que en la organización del Seminario de Teatro Cubano estuviera consciente de expresar el amor y el reconocimiento hacia los demás de múltiples formas, sin escatimar gestos y detalles que sirvieran de premio al esfuerzo de los otros. De forma natural, espontánea, casi automática en él, tenía presente a los demás, dispuesto siempre a integrar, a unir, en el proceso creador del espíritu. Así lo vimos mientras trabajamos con él, y con Lesbia y Orlando Varona, en la organización del Seminario, en una actitud afirmativa y unitiva que siempre deberemos tener presente, si es que queremos rendirle un mínimo de auténtico homenaje.

AFIRMACIÓN VITALISTA

Nos admiraba en Guillermo Hernández su afirmación vitalista e integradora. Vitalista por su energía en todo lo que hacía y que se desbordaba, con un don único de gente y de palabra, al que había que cederle el paso, por su eficiencia y su encanto, su extraordinaria habilidad para comunicarse que siemple y llanamente, es una virtud que no todos poseemos y que él tenía. Pero la gran tragedia de su muerte es que Guillermo se comunicaba "en vivo", en presencia de carne y hueso y espíritu, en gesto y movimiento, en empresa creadora directa y no en texto escrito.

Por eso su muerte es aún más desoladora. Su vitalismo tenía, al mismo tiempo, una consistencia frágil, que para los que eran mayores que él dejaba un toque maternal y paternal donde no faltaba el temor, como si Guillermo fuera hijo de todos. Al percibirse su debilidad física, creaba una especie de suspenso trascendente de que algo pudiera pasarle.

Personaje dramático, confluían en él dos asedios, el histórico y el fisiológico, y quedaba atrapado en la red, de la que tiene que escapar simbólicamente dentro de la memoria de todos aquéllos que lo conocimos y sobre los que dejó la huella de un espíritu creado para el bien. Para nosotros, como si se presintiera en *Exilio*, ya lo dijo el personaje de Román, en una forma que es nuestro modo de sentirlo y liberarlo: "Es como un sueño de Dios... Un sueño de la luz que anda perdido en el universo... ¿Te imaginas cuántas cosas verá? Es como si se hubiera ido de aquí alguna vez ... y estuviera ... desterrado en el universo ... en el tiempo ... sin detenerse jamás ... que vuelve siempre para decirnos adiós ... sin irse nunca del todo..."

INDICE

Realidad mítica de Guillermo Hernández 7
   por Matías Montes-Huidobro
Guillermo Hernández o la dignidad intelectual 19
   por Reinaldo Arenas

TESTIMONIOS Y DOCUMENTOS

   Síntesis biográfica 25
   Intervención de Guillermo Hernández ante la Comisión de
      Derechos Humanos 27
   Mis últimos días en Cuba 31
   Autorretrato de Guillermo en el Malecón habanero 39

TEATRO
   Barquito de papel 43

La poesía de Guillermo Hernández: ruptura y desolación 53
   por Yara González-Montes

POESIA

   Reflexiones para un final 67

ENSAYOS

   Sobre la fe y mis dudas 127
   Cuba, La Habana y la Giraldilla 133
   La historia, la leyenda, el amor y la Giraldilla bajo la luz
      del puerto habanero 139
   Un estudio de la poética de *Ismaelillo* de José Martí 145

El homosexualismo como vía de escape en la novela
Al norte del infierno de Miguel Correa 153
Continuidad/discontinuidad en la literatura hispánica de
los Estados Unidos 161

Epílogo: No se ha ido del todo 167
  por Matías Montes-Huidobro y Yara González-Montes